Lizenzausgabe für die Mitglieder der Büchergilde Gutenberg
Verlagsgesellschaft mbH, Frankfurt am Main, Wien, Zürich
www.buechergilde.de
Mit freundlicher Genehmigung des oekom verlags, München

© 2019 oekom verlag München

Lektorat: Laura Kohlrausch, oekom verlag
Korrektorat: Maike Specht
Satz und Infografik: Esther Gonstalla
Druck: Friedrich Pustet GmbH & Co. KG, Regensburg

DAS KLIMA BUCH

ALLES, WAS MAN WISSEN MUSS,
IN 50 GRAFIKEN

von Esther Gonstalla

Büchergilde Gutenberg

Ein Weckruf in Grafiken

In den letzten Monaten ist der Kampf für die Stabilisierung des Weltklimas – und für die Erhaltung der Lebensgrundlagen der Menschheit – auf spektakuläre Weise in die Hände der Jugend übergegangen. Bei der Fridays-for-Future-Bewegung erleben wir gänsehautnah, wie das langjährige Leugnen und Ignorieren wissenschaftlicher Erkenntnisse durch die etablierten politischen Kräfte von den Heranwachsenden nicht mehr hingenommen wird, ja einen ebenso zornigen wie unschuldigen Sturm des Protests entfacht hat. Die Mädchen und Jungen haben erkannt, dass die Zeit für eine radikale Minderung des Ausstoßes von klimaschädlichen Treibhausgasen im Sinne des Pariser Abkommens von 2015 fast abgelaufen ist und dass ihre Zukunft und die ihrer Kinder auf diesem Planeten von den älteren Generationen verjubelt wird. Durch Medien, Schulunterricht, eigene Forschung und nicht zuletzt direkten Kontakt mit Wissenschaftler*innen haben die Schüler*innen von Fridays for Future sich die entscheidenden Informationen angeeignet und die richtigen Konsequenzen daraus gezogen. Als Klimaforscher, der zu diesem Wissensfundus ein wenig beigetragen hat, schaue ich auf diese jüngste Entwicklung mit großer Spannung, kleinem Stolz und vorsichtiger Hoffnung. Denn auf einen derartigen Aufschrei haben wir seit dem Jahr 1990, als der erste Bericht des Weltklimarats (IPCC) veröffentlicht wurde, hinsichtlich Politik, Industrie und der erwachsenen (westlichen) Zivilgesellschaft vergeblich gewartet.

Für mich ist die Fridays-for-Future-Bewegung der bisher sichtbarste Beweis der Entstehung einer neuartigen Allianz zwischen Wissenschaft, Jugend und – wie in diesem Buch von Esther Gonstalla so klar dargestellt – Kunst. Wenn ich mir die wissenschaftlich fundierten und höchst originellen Grafiken der Autorin ansehe, erkenne ich die Arbeit von zahlreichen Kolleg*innen und auch von mir selbst wieder. Und gleichzeitig bin ich davon beeindruckt, wie aussagekräftig und ausdrucksstark diese Erkenntnisse werden, wenn sie kreativ aufgearbeitet werden. Ich glaube fest daran, dass ohne die »Übersetzungsarbeit« von Künstler*innen und Medien-Gestalter*innen die Anzahl von jungen Menschen, die sich nun der Fridays-for-Future-Bewegung und den zahlreichen Folgebewegungen anschließen, deutlich geringer wäre. Ich stehe fast tagtäglich vor der Herausforderung, die neuesten und manchmal auch die wohletablierten wissenschaftlichen Ergebnisse in Bezug auf den Klimawandel einer breiten Öffentlichkeit zu vermitteln – in Vorträgen, Podiumsdiskussionen, Editorials oder Artikeln. Dabei erlebe ich, wie wichtig es ist, Konzepte und konkrete Zahlen so in Bilder, Symbole und Geschichten zu übersetzen, dass die essenziellen Informationen nicht nur transportiert, sondern auch memoriert werden können. Letzten Endes wird nicht jede*r einen Vortrag von mir oder von einem meiner Kolleg*innen hören bzw. ein tabellenschwangeres Buch über den Klimawandel lesen können – die Urfakten dahinter müssen viral werden!

Dem Buch von Esther Gonstalla gelingt es, sowohl die globale als auch die regionale Sicht auf den Klimawandel einzunehmen und die Ursachen, Auswirkungen sowie mögliche Lösungsansätze in einem Panorama darzustellen. Für mich ist die Visualisierung des Beitrags des Klimawandels zur wachsenden Armut in Afrika besonders ergreifend. Anhand der Darstellung der historischen nationalen Treibhausgasemissionen wird mehr als eindeutig klar, wie die Erderwärmung ein krasser Beleg für das Versagen der modernen Gesellschaft geworden ist. Die Verheißungen der globalisierten Moderne lösen sich spätestens mit diesen Betrachtungen endgültig in Luft auf: Gerade die Länder und Bevölkerungen, die am wenigsten zum Klimawandel beigetragen haben, stehen in der Schusslinie und leiden am meisten unter dessen zum Teil drastischen Konsequenzen. Gonstallas Appell für einen persönlichen, aber auch einen weltwirtschaftlichen Wandel wird an dieser Stelle zu einem moralischen Gebot – mit der vollen Unterstützung der aktuellsten Wissenschaft.

Die Dringlichkeit des Kampfes gegen die Klimakrise und für einen radikalen Wandel der globalen Wirtschaft ist seit dem Abschluss der Arbeit an diesem Buch keinesfalls geringer geworden. Der Wirbelsturm »Idai« in Südostafrika und die jüngste Rekordhitzewelle in Australien sind nur zwei von vielen Desastern, vor denen Esther Gonstalla in ihren Grafiken warnt. Die Botschaften und Fakten in diesem wichtigen Buch sind ebenso elementar wie apodiktisch.

Ich bin davon überzeugt, dass damit ein mächtiger Multiplikator für das Wissen über den Klimawandel geschaffen, aber auch ein gangbarer Weg zu einem stabilisierten Erdsystem aufgezeigt wurde. Ich hoffe, Gonstallas Buch wirkt wie ein Blasebalg, der die legitime Empörung in der Gesellschaft weiter anfeuert und die Allianz mit der Wissenschaft befeuert.

Portrait: Foto Hollin

Prof. Hans Joachim Schellnhuber,
Potsdam, Mai 2019

Das Klima ...

macht das Leben auf der Erde erst möglich.

Natürlicher Treibhauseffekt
(bis 1880)

Sonnenenergie

Wärmestrahlung

Der natürliche Treibhaus-effekt macht das Leben auf der Erde erst möglich.

Ohne natürlichen Treib-hauseffekt würden eisige −18 °C auf der Erde herrschen.

−18 °C

Durch unsere schützende Atmosphäre hat die Erde eine Durchschnitts-temperatur von +15 °C.

+15 °C

Durch natürli-che Klimagase wird ein Teil der Wärme-strahlung von der Atmosphäre absorbiert.

Früher war die Zusammensetzung der Klimagase in der Atmosphäre mit ca. 280 ppm CO_2 im Gleichgewicht ...

CO_2

H_2O

5 %

29 %
CO_2 CO_2

66 %

H_2O

Zwei Drittel des natürlichen Treibhauseffekts wird von Wasserdampf verursacht, knapp ein Drittel von CO_2 und ein kleiner Prozentsatz von weiteren Spurengasen wie Methan (CH_4).

Quellen: DWD (2018), IPCC (2014), Rahmstorf (2013), Riedel & Janiak (2015)

... und der Mensch

verändert das Klima mit hohen CO_2-Emissionen, verursacht durch:

Anthropogener Treibhauseffekt
(2018)

Ein Teil der **Sonnenenergie** strahlt zurück ins All ...

... der Rest trifft auf die Erdoberfläche.

Die erwärmte Erdoberfläche gibt **Wärmestrahlung** ab ...

... ein seit 1880 stetig ansteigender Teil wird jedoch von Klimagasen absorbiert und erwärmt die Erde weiter.

... **heute** haben wir mit ca. 410 ppm CO_2 ein Ungleichgewicht in der Atmosphäre.

CH_4

CO_2

O_3

N_2O

Verbrennung fossiler Brennstoffe wie Kohle, Öl und Gas für den weltweit steigenden Strombedarf

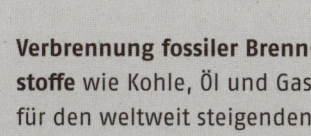

Herstellung von Waren, Transportmitteln, Textilien und Möbeln in energieintensiven Prozessen

Landwirtschaft, Futtermittelherstellung und Massentierhaltung sowie Fleischverarbeitung

Waldbrände, Waldnutzung und Forstmanagement

Wohnungs- und Hausbau, Heizen und Energiebedarf im privaten Sektor

Personen- und Gütertransport auf Straßen, Flüssen, Meeren und in der Luft

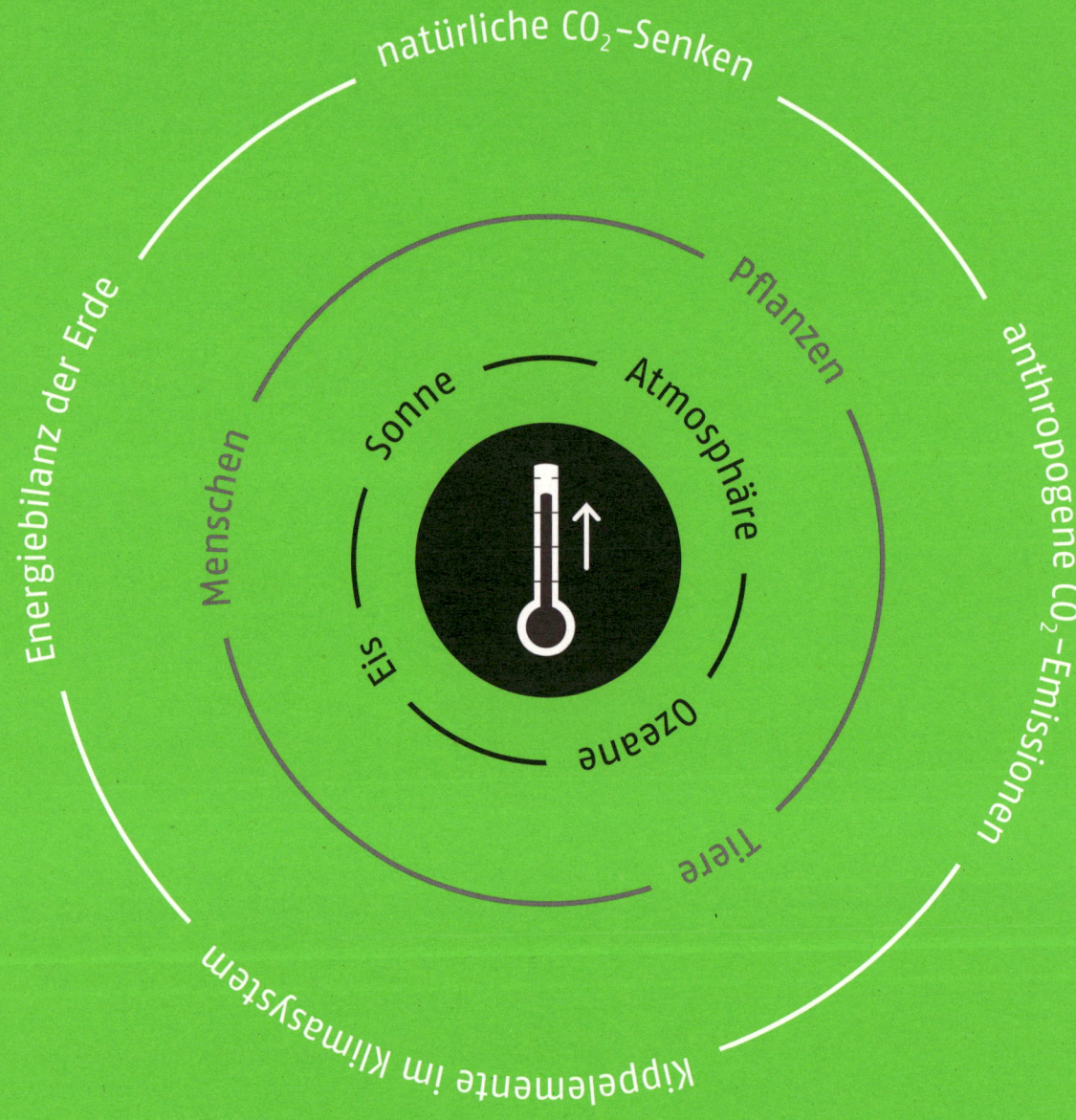

Klima und CO$_2$

Wie das Klimasystem funktioniert

2 **Die Atmosphäre ist eine** Gashülle um unseren Planeten, die das Leben auf unserer Erde ermöglicht, indem sie die Temperatur reguliert und Sauerstoff speichert.

1 **Die Sonne ist der Energie-**lieferant der Erde und der Motor des Klimasystems.

Zusammensetzung der Atmosphäre

Luftzirkulation und Wärmetransport

Warme Luft wird in Richtung der Pole transportiert, kalte Luft zum Äquator. Diese drei-dimensionalen Luftbewegungen werden »atmosphärische Zirkulation« ge-nannt und bestim-men das Klima in den unterschiedlichen Regionen entscheidend mit.

Polare Ostwinde

Westwind-zone

Nordost-passat

Äquator

Südost-passat

West-windzone

Polare Ostwinde

Luftzirkulation im Querschnitt

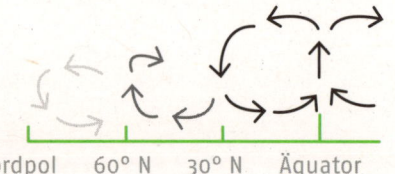

Nordpol 60° N 30° N Äquator

78%
Stickstoff (N_2)

21%
Sauerstoff (O_2)

1 % Argon

0,1 % Spurengase

Ozon

FCKW Methan

Kohlendioxid

Helium Neon

Wasserstoff

Die Atmosphäre besteht aus Gasen, Wasserdampf, Tropfen und Eis, aus denen sich Wol-ken, Regen und Schnee bilden. Zudem enthält sie 0,1 % Spu-rengase, die zusammen mit dem Wasserdampf den natür-lichen Treibhauseffekt be-wirken. Deshalb ist die Erde im Mittel 15 °C warm – ohne natürlichen Treibhauseffekt wären es –18 °C.

Quelle: Buchal & Schönwiese (2011)

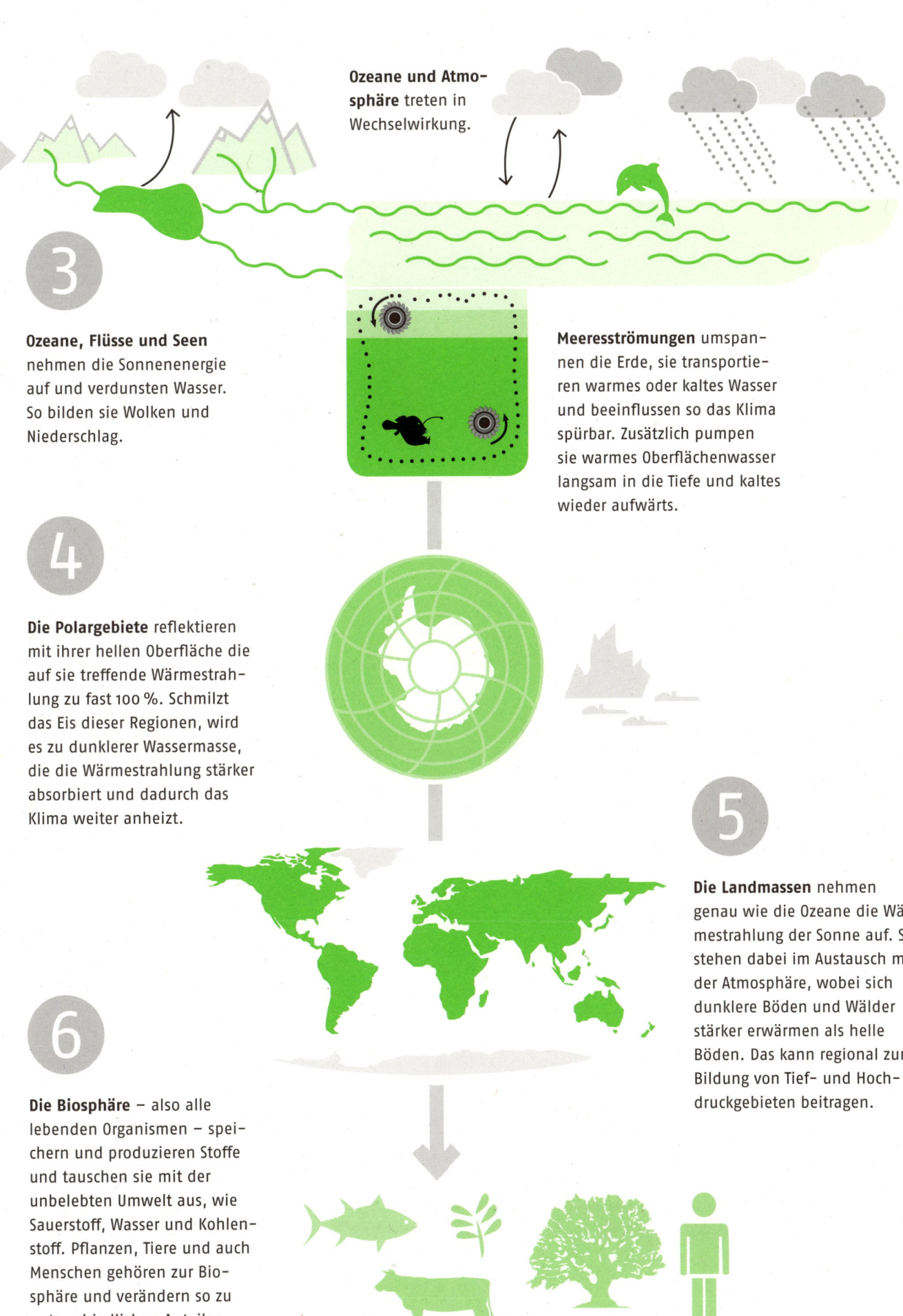

Ozeane und Atmosphäre treten in Wechselwirkung.

3 **Ozeane, Flüsse und Seen** nehmen die Sonnenenergie auf und verdunsten Wasser. So bilden sie Wolken und Niederschlag.

Meeresströmungen umspannen die Erde, sie transportieren warmes oder kaltes Wasser und beeinflussen so das Klima spürbar. Zusätzlich pumpen sie warmes Oberflächenwasser langsam in die Tiefe und kaltes wieder aufwärts.

4 **Die Polargebiete** reflektieren mit ihrer hellen Oberfläche die auf sie treffende Wärmestrahlung zu fast 100 %. Schmilzt das Eis dieser Regionen, wird es zu dunklerer Wassermasse, die die Wärmestrahlung stärker absorbiert und dadurch das Klima weiter anheizt.

5 **Die Landmassen** nehmen genau wie die Ozeane die Wärmestrahlung der Sonne auf. Sie stehen dabei im Austausch mit der Atmosphäre, wobei sich dunklere Böden und Wälder stärker erwärmen als helle Böden. Das kann regional zur Bildung von Tief- und Hochdruckgebieten beitragen.

6 **Die Biosphäre** – also alle lebenden Organismen – speichern und produzieren Stoffe und tauschen sie mit der unbelebten Umwelt aus, wie Sauerstoff, Wasser und Kohlenstoff. Pflanzen, Tiere und auch Menschen gehören zur Biosphäre und verändern so zu unterschiedlichen Anteilen das Klima.

Wälder und Meere: wichtige CO_2-Speicher

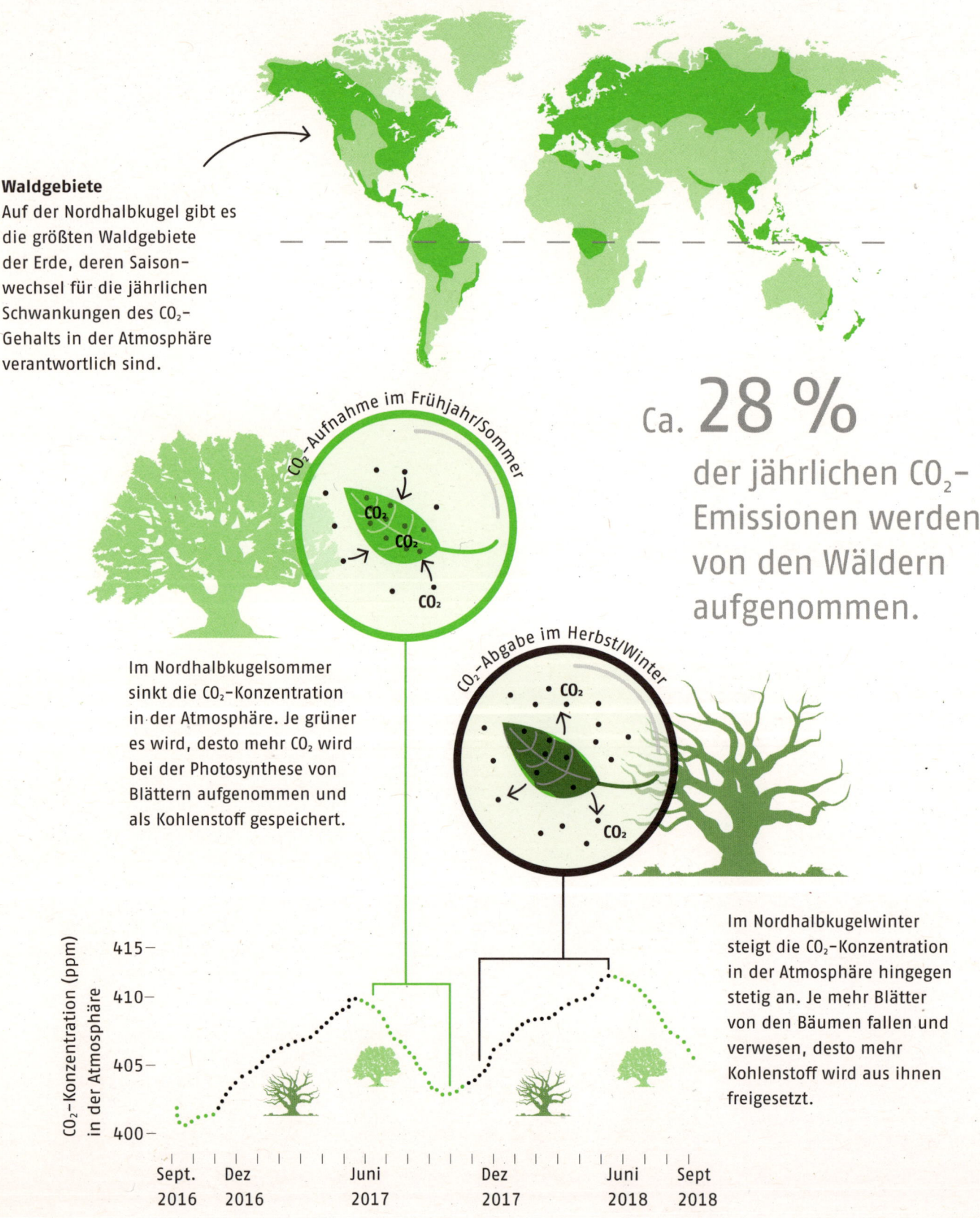

Waldgebiete
Auf der Nordhalbkugel gibt es die größten Waldgebiete der Erde, deren Saisonwechsel für die jährlichen Schwankungen des CO_2-Gehalts in der Atmosphäre verantwortlich sind.

Ca. **28 %** der jährlichen CO_2-Emissionen werden von den Wäldern aufgenommen.

CO_2-Aufnahme im Frühjahr/Sommer

Im Nordhalbkugelsommer sinkt die CO_2-Konzentration in der Atmosphäre. Je grüner es wird, desto mehr CO_2 wird bei der Photosynthese von Blättern aufgenommen und als Kohlenstoff gespeichert.

CO_2-Abgabe im Herbst/Winter

Im Nordhalbkugelwinter steigt die CO_2-Konzentration in der Atmosphäre hingegen stetig an. Je mehr Blätter von den Bäumen fallen und verwesen, desto mehr Kohlenstoff wird aus ihnen freigesetzt.

CO_2-Konzentration (ppm) in der Atmosphäre

415 —
410 —
405 —
400 —

Sept. 2016 | Dez 2016 | Juni 2017 | Dez 2017 | Juni 2018 | Sept 2018

Intakte Wälder können die CO_2-Bilanz eines Landes senken, denn Wälder beeinflussen das Wetter und Klima – nicht nur regional, sondern weltweit. Sie regulieren die Bodentemperatur und wirken sich auf das Reflexionsvermögen der Erdoberfläche (Albedo), auf Wolkenbildung und Niederschlag aus.

Die Ozeane nehmen fast die Hälfte des menschengemachten CO_2 auf. Insgesamt ist in den Meeren zwar mehr als fünfzigmal so viel CO_2 gespeichert wie in der Atmosphäre, der schnelle Anstieg des CO_2-Gehalts stört jedoch das chemische Gleichgewicht der Meere und führt zu einer Versauerung. Je saurer das Wasser, desto stärker löst es kalkhaltige Strukturen auf. Davon sind viele Lebewesen im Ozean betroffen, etwa Korallen, Plankton oder Muscheln. Sie brauchen den Kalk, um ihre Schalen und Knochen aufzubauen.

»Biologische Pumpe«
Oberflächennahe winzige Algen, sogenanntes Phytoplankton, nimmt CO_2 auf, um Photosythese zu betreiben. Abgestorbene Algen sinken in die Tiefe, auch so wird CO_2 für längere Zeit im Ozean gebunden.

Ca. 30–40 %

der jährlichen CO_2-Emissionen werden von den Ozeanen aufgenommen.

»Physikalische Pumpe«
Die Meeresströmungen transportieren CO_2 in die Tiefsee und sehr langsam um den Globus, bis es mit einer Aufwärtsströmung wieder an die Oberfläche gelangt.

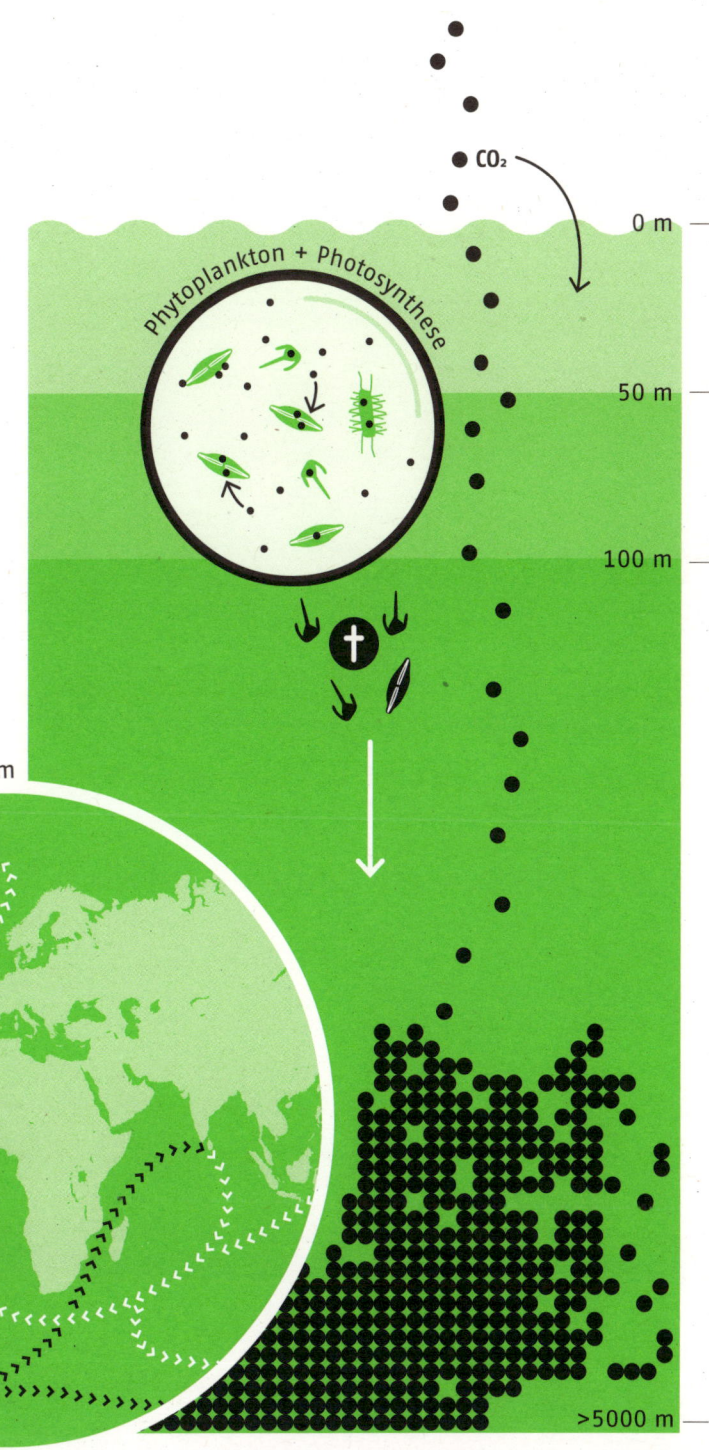

CO_2

Phytoplankton + Photosynthese

0 m

50 m

100 m

warmer Oberflächenstrom

kalter Tiefenstrom

>5000 m

Quellen: IPCC (2014), Le Quéré et al. (2012), Maribus (2010), WRI (2018)

CO_2–Emissionen im Vergleich

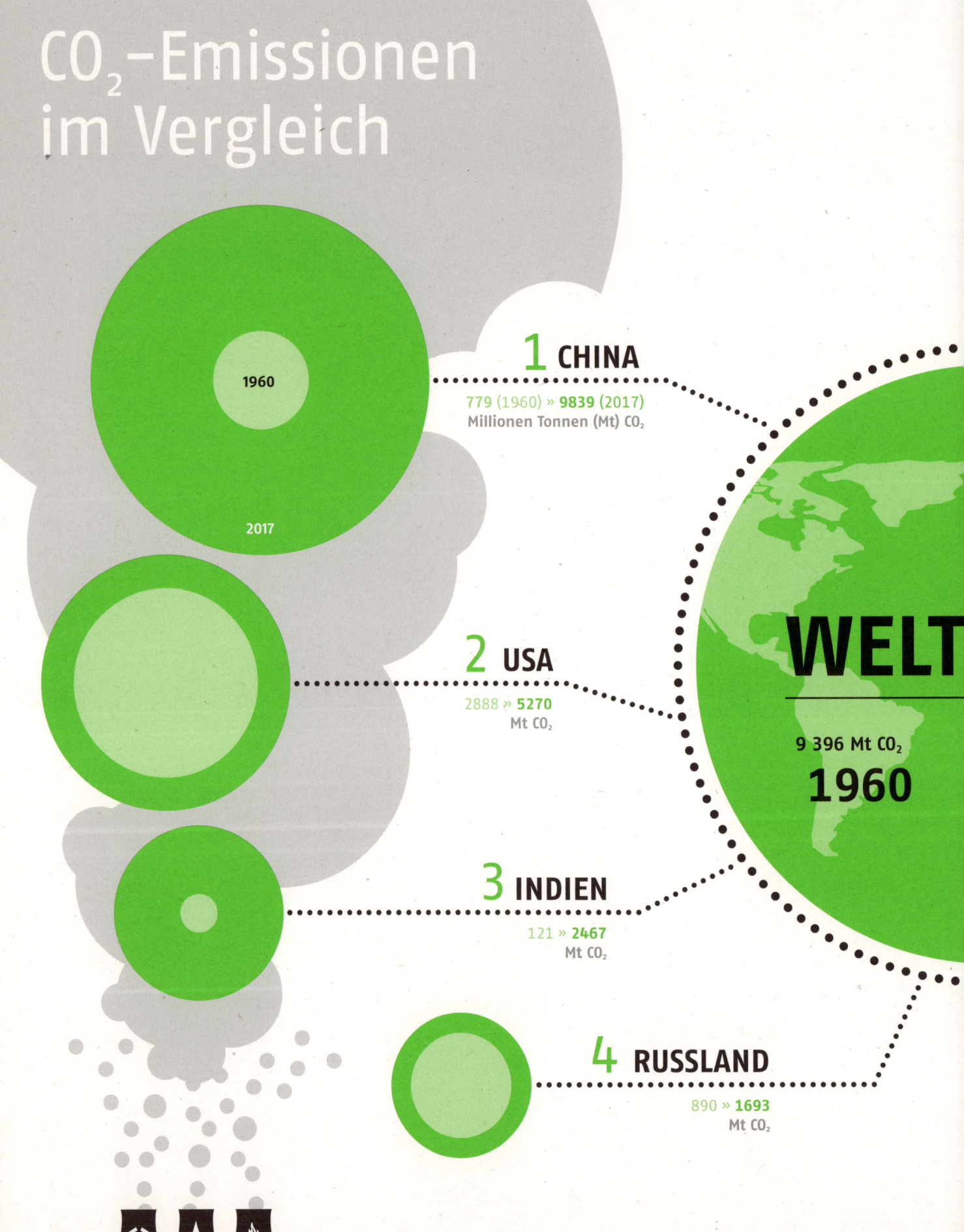

1960

2017

1 CHINA

779 (1960) » **9839** (2017)
Millionen Tonnen (Mt) CO_2

2 USA

2888 » **5270**
Mt CO_2

3 INDIEN

121 » **2467**
Mt CO_2

4 RUSSLAND

890 » **1693**
Mt CO_2

WELT

9 396 Mt CO_2
1960

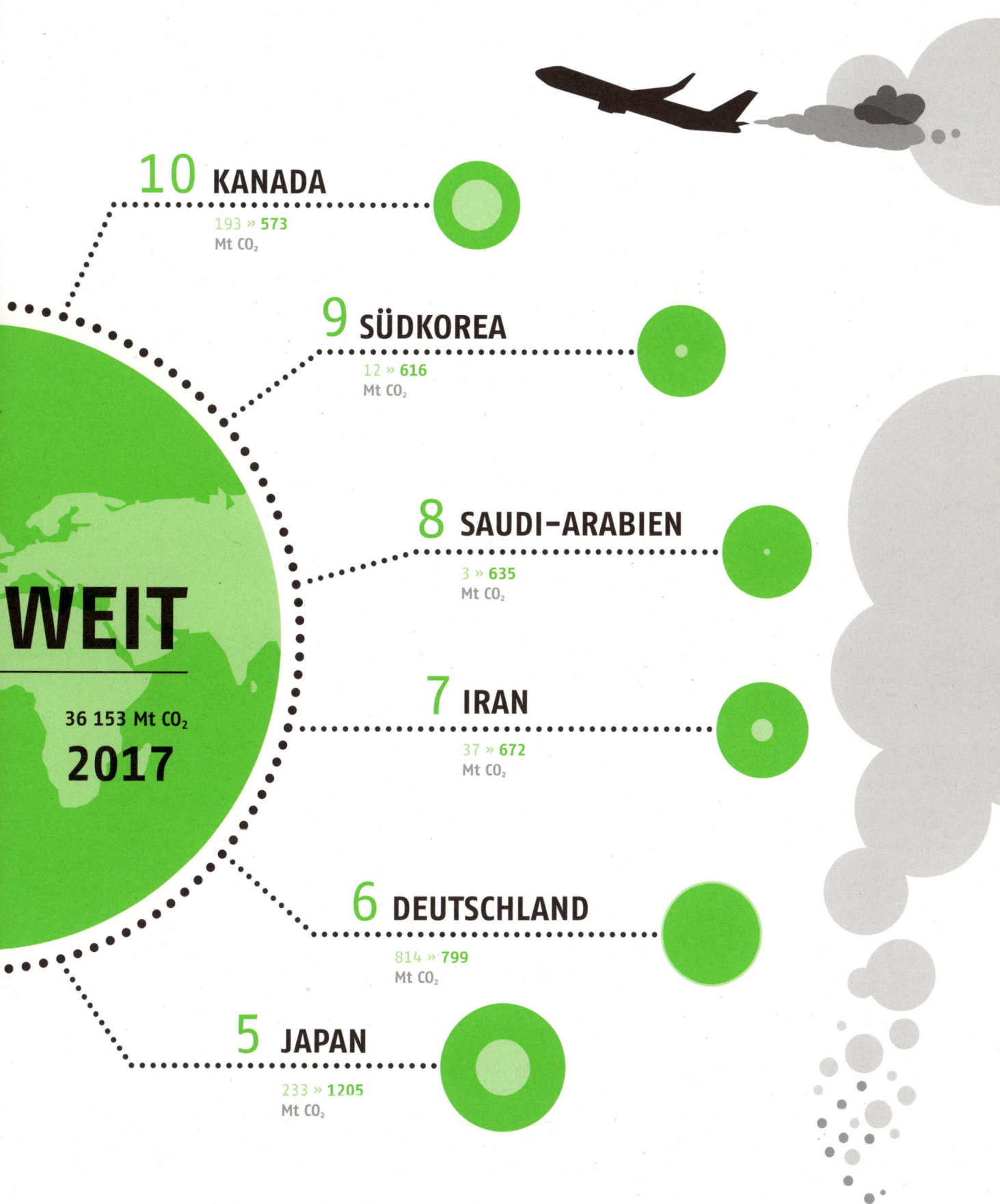

10 KANADA
193 » **573**
Mt CO$_2$

9 SÜDKOREA
12 » **616**
Mt CO$_2$

8 SAUDI-ARABIEN
3 » **635**
Mt CO$_2$

WEIT

36 153 Mt CO$_2$
2017

7 IRAN
37 » **672**
Mt CO$_2$

6 DEUTSCHLAND
814 » **799**
Mt CO$_2$

5 JAPAN
233 » **1205**
Mt CO$_2$

Quellen: Boden et al. (2017), UNFCCC (2018), BP (2018)

Der Energiehaushalt ist im Ungleichgewicht ...

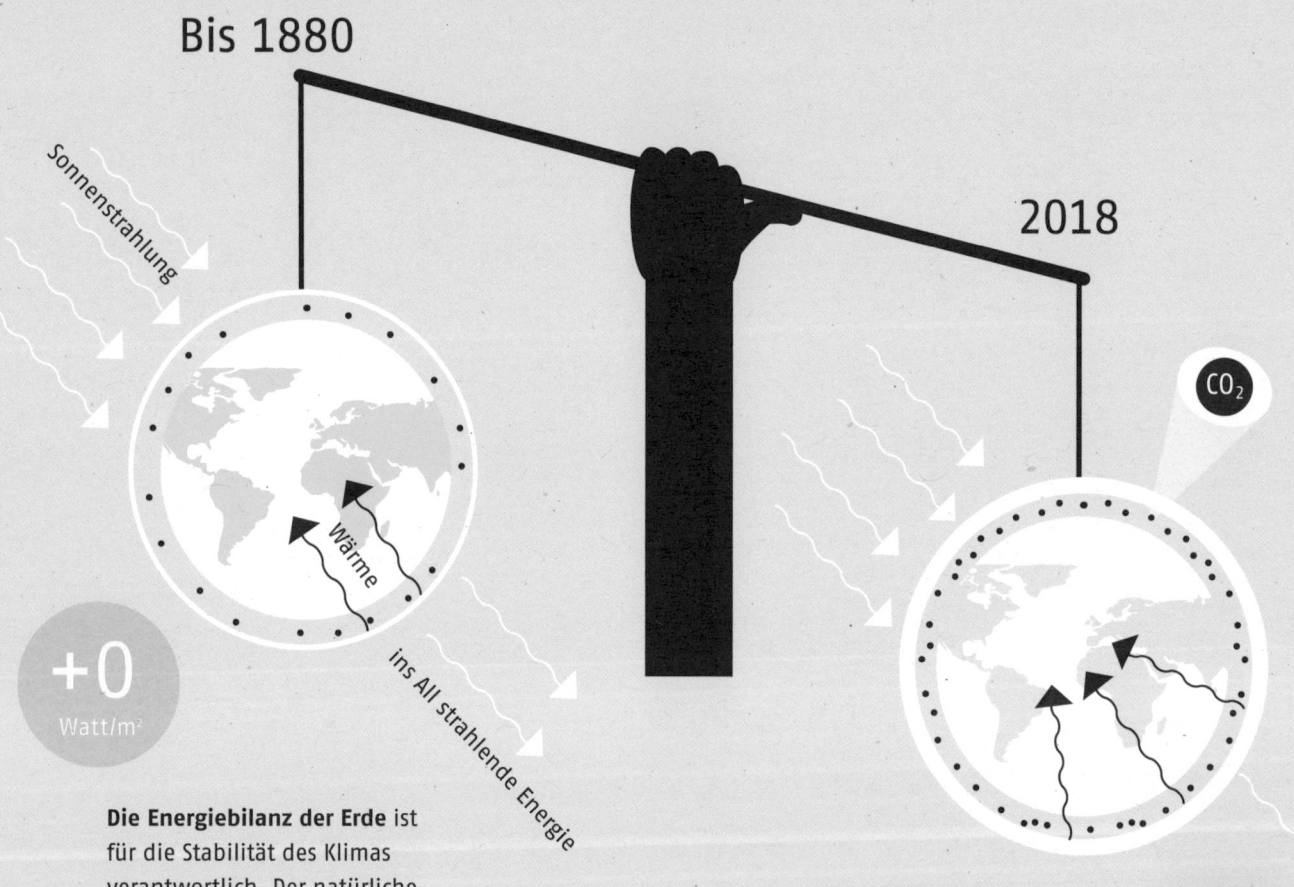

Bis 1880

Sonnenstrahlung

Wärme

ins All strahlende Energie

2018

CO_2

+0
Watt/m²

+0,7
Watt/m²

Die Energiebilanz der Erde ist für die Stabilität des Klimas verantwortlich. Der natürliche Treibhauseffekt bewirkt, dass unser Planet auf angenehmen +15 °C gehalten wird. Das in der Atmosphäre geringfügig enthaltene Treibhausgas CO_2 ist dafür maßgeblich verantwortlich: Es nimmt Wärmestrahlung auf und wirkt so wie eine »dünne Decke« über der Erde.

Der natürliche Wasserdampfgehalt der Atmosphäre trägt ebenfalls zu einem gemäßigten Klima bei.

Durch die seit 1900 stetig steigende Menge an Treibhausgasen wie CO_2 in der Atmosphäre wird mehr Wärmestrahlung zurück auf die Erde gelenkt, die »dünne Decke« über unserer Erde wird zu einer »Wärmedecke«. Unser Planet erwärmt sich heute um ca. 0,7 Watt pro Quadratmeter jährlich.

Quellen: IPCC (2018), Trentberth et al. (2016)

... und die Erde erwärmt sich

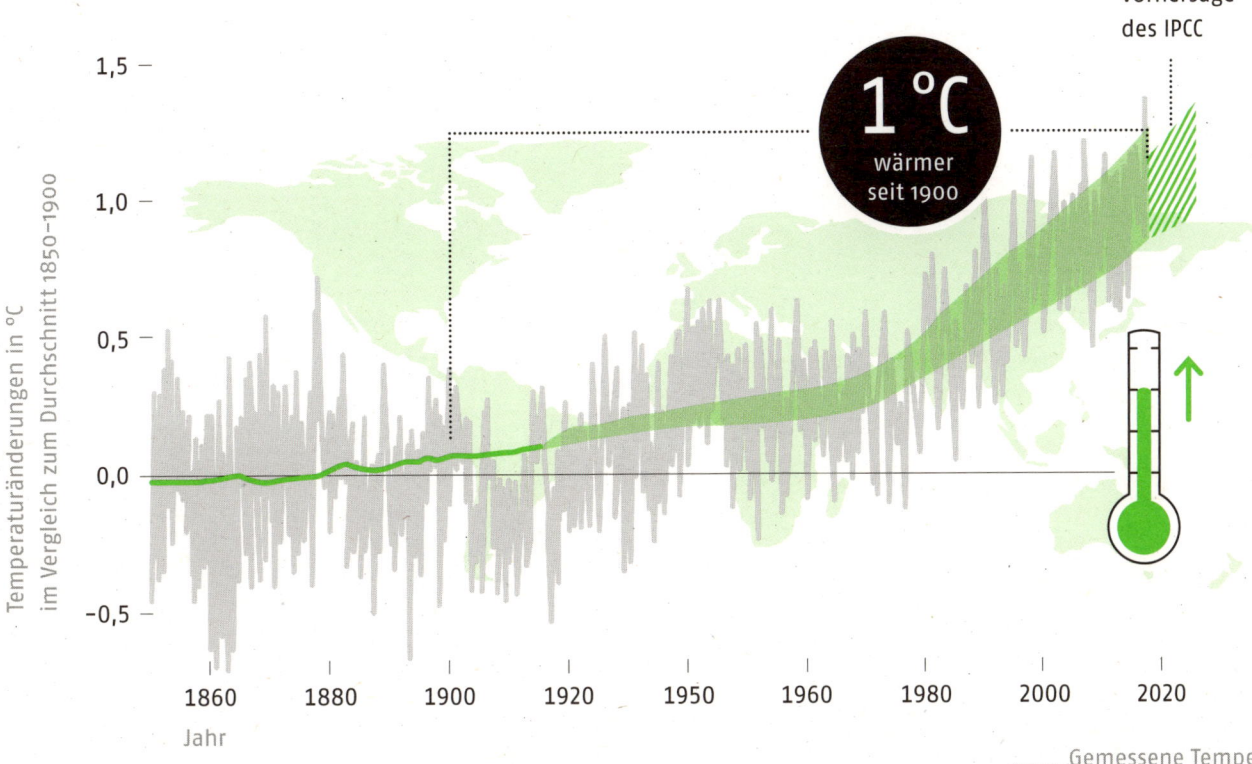

Vorhersage des IPCC

1°C wärmer seit 1900

Temperaturänderungen in °C im Vergleich zum Durchschnitt 1850-1900

1,5

1,0

0,5

0,0

-0,5

1860 1880 1900 1920 1950 1960 1980 2000 2020

Jahr

—— Gemessene Temperatur (monatlicher Durchschnitt)

—— Durch Menschen verursachte Erwärmung (Mittelwert)

Der vom Menschen verusachte CO_2-Anstieg in der Luft führt zu einer Erwärmung der Erde. Bis zum Jahr 2100 wird sich die weltweite Durchschnittstemperatur um voraussichtlich 1,6 bis 4 °C gegenüber der vorindustriellen Zeit erhöhen, wie der Weltklimarat (IPCC) aus mehreren Klimamodellen errechnet hat. Allerdings sind auch Steigerungen zwischen 1 und 6 °C denkbar. Die langfristige Vorhersage ist unsicher, da noch nicht klar ist, wie schnell Politik und Wirtschaft handeln werden, um CO_2-Emissionen zu reduzieren. Dafür hat der IPCC unterschiedliche Szenarien entwickelt, sogenannte Repräsentative Konzentrationspfade (RCP): Wenn wir weiterhin ungebremst Emissionen produzieren, gilt das Szenario »RCP 8.5«, während das beste Szenario mit einer stringenten Reduzierung der Emissionen, die zu ca. 400 ppm im Jahr 2100 führen würde, »RCP 2.6« genannt wird.

Ab einer Temperatursteigerung von 1,5 °C gegenüber der vorindustriellen Zeit gilt die menschengemachte Klimakrise als bedrohlich, ab 2 °C als existenziell gefährlich, weil dadurch verschiedene Kippelemente in den Eisschilden erreicht werden könnten. So ist an dieser Schwelle nach Ansicht der Forscher etwa das Abschmelzen der Gletscher und der Eismassen an den Polen kaum noch aufzuhalten. In der Folge würde der Meeresspiegel drastisch steigen.

Viele Länder, die schon heute von Trockenheit bedroht sind, müssten sich zudem auf starke Dürren und länger andauernde Hitzewellen vorbereiten, sollte die Temperatur ungebremst ansteigen.

Es können dabei jedoch auch positive Effekte eintreten: Verschobene Monsunmuster könnten Trockengebiete, zum Beispiel in Nordafrika, durch höheren Niederschlag wieder fruchtbar machen.

Die Verteilung der Wärme

Die durch den Treibhauseffekt zusätzlich erzeugte Wärmeenergie wird aufgenommen von:

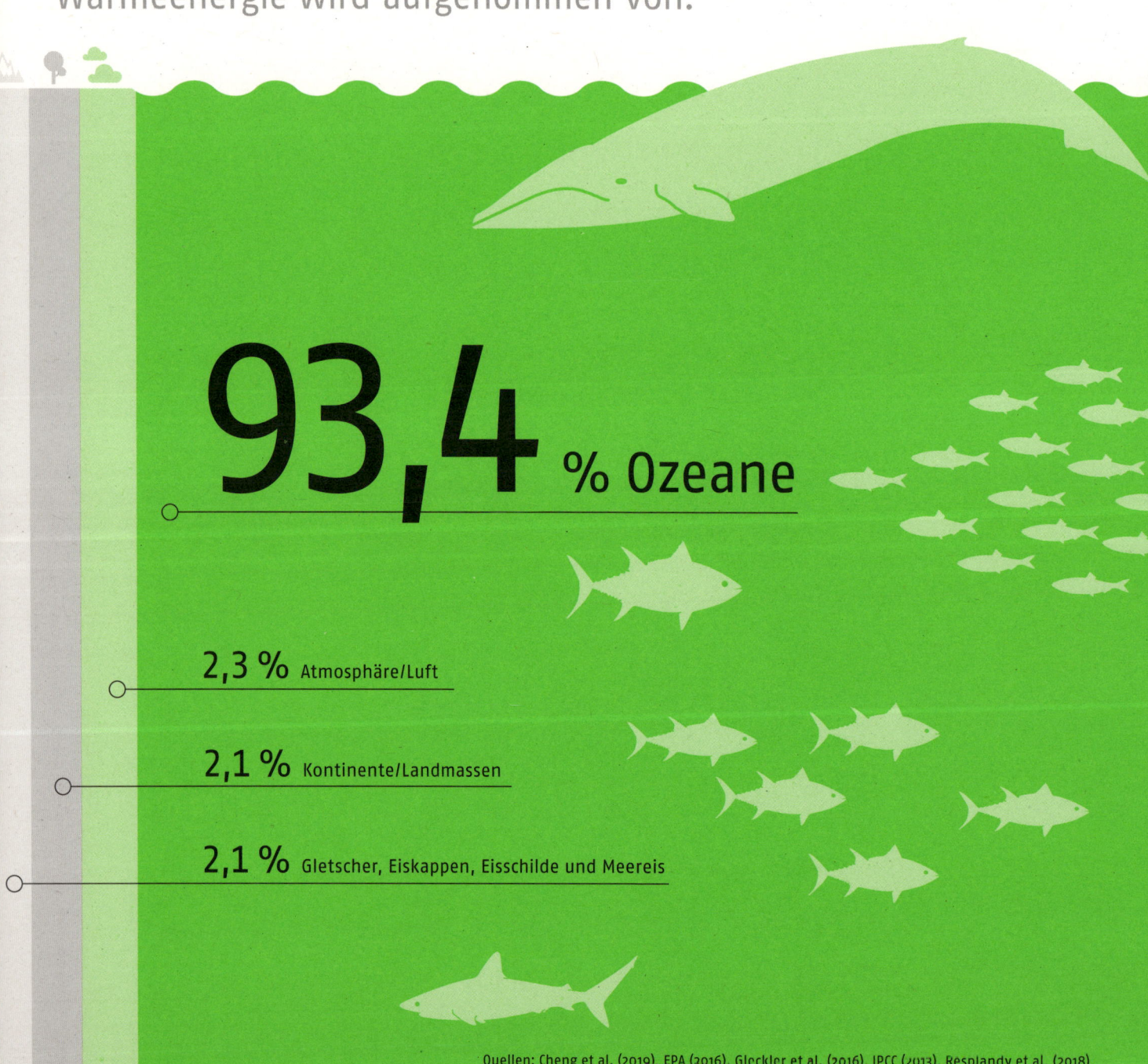

93,4 % Ozeane

2,3 % Atmosphäre/Luft

2,1 % Kontinente/Landmassen

2,1 % Gletscher, Eiskappen, Eisschilde und Meereis

Quellen: Cheng et al. (2019), EPA (2016), Gleckler et al. (2016), IPCC (2013), Resplandy et al. (2018)

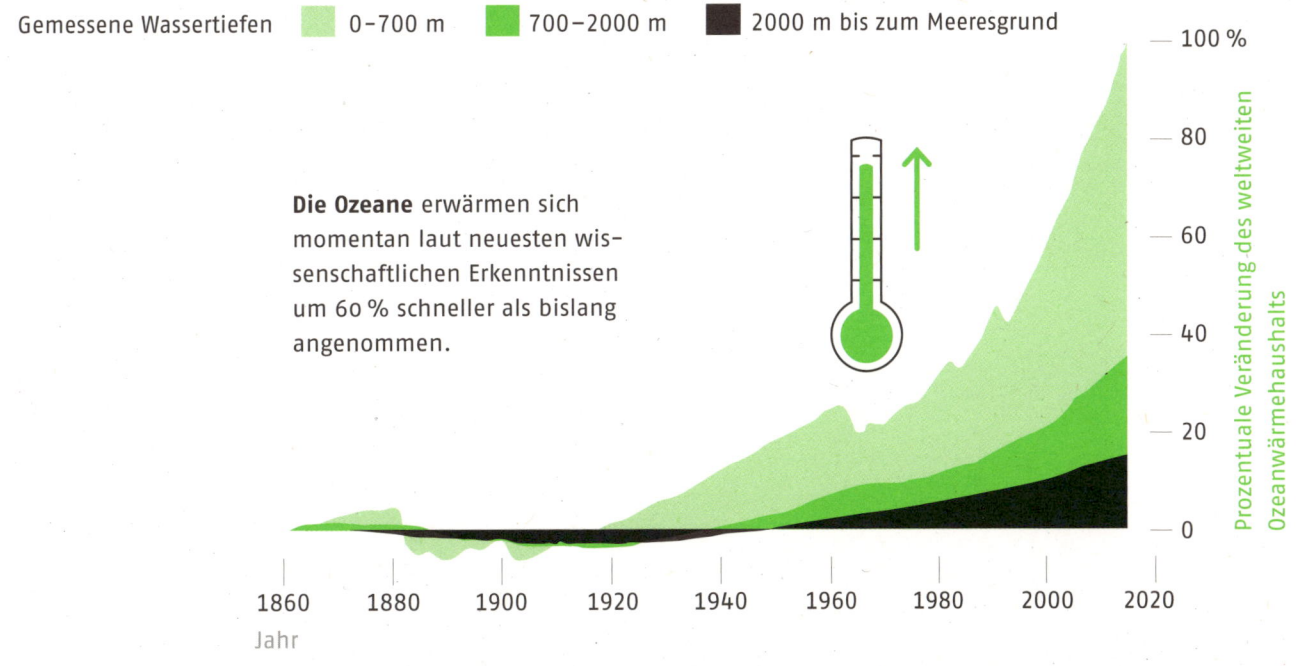

Gemessene Wassertiefen ▮ 0–700 m ▮ 700–2000 m ▮ 2000 m bis zum Meeresgrund

Die Ozeane erwärmen sich momentan laut neuesten wissenschaftlichen Erkenntnissen um 60 % schneller als bislang angenommen.

Prozentuale Veränderung des weltweiten Ozeanwärmehaushalts

Jahr

Durch die Erderwärmung steigt langfristig auch die Temperatur des Meerwassers. Die wärmer werdende Flüssigkeit dehnt sich aus, was zu einem Anstieg des Meeresspiegels führt. Auch das Abschmelzen von Gletschern und Eisschilden trägt dazu bei, dass sich der Meeresspiegel erhöht – würden etwa sämtliche Eismassen in Grönland schmelzen, stiege der Wasserpegel im Durchschnitt um mindestens 7 Meter.

Forscher rechnen bis zum Jahr 2100 mit einem Anstieg des Meeresspiegels um 80–150 Zentimeter, das Abschmelzen der Eisschilde miteingerechnet. Allerdings lässt sich gerade dieses Abschmelzen nur schwer mit Computermodellen berechnen: Durch immer wärmer werdende Ozeane verändert sich die Dynamik der Eismassen, daher ist bislang unklar, wie schnell der Eisverlust an den Antarktischen Eisschilden fortschreiten wird.

In jedem Fall wären die Konsequenzen weitreichend: Im Jahr 2100 könnten schlimmstenfalls ca. 2 Milliarden Menschen vom Meeresspiegelanstieg betroffen sein und von den überschwemmten Küsten ins Inland fliehen.

Kippelemente im Klimasystem

Grönländischer
Eisschild taut → S. 66

Rückgang der
Borealwälder

Atlantische thermohaline Zirkulation → S. 72
verlangsamt sich

Schmelzen die Methanhydrate?

Abholzung
des Amazonas
Regenwalds
→ S. 49

Westantarktischer Eisschild wird instabil → S. 67

Unter den Teilen der Erde, die sich durch die erhöhte CO_2-Konzentration stetig weiter erwärmen, gibt es einige, deren Veränderung für unsere Zukunft besonders kritisch ist. Da sind etwa die antarktischen Eisschilde, deren Abschmelzen den Meeresspiegel so drastisch erhöhen würde, dass Küstenstädte nicht mehr zu retten wären; oder Permafrostböden, bei deren Auftauen so viel Methangas in die Atmosphäre entlassen würde, dass eine lebensbedrohliche Verschärfung der menschengemachten Klimakrise ab diesem Zeitpunkt fast nicht mehr zu stoppen wäre. Die drohende Veränderung dieser Gebiete bezeichnet man als »Tipping-Points« oder Kipppunkte, die oft zusätzlich dadurch verschärft werden, dass sie – wie etwa das drohende Absterben des Great Barrier Reef – unwiederbringlich sind.

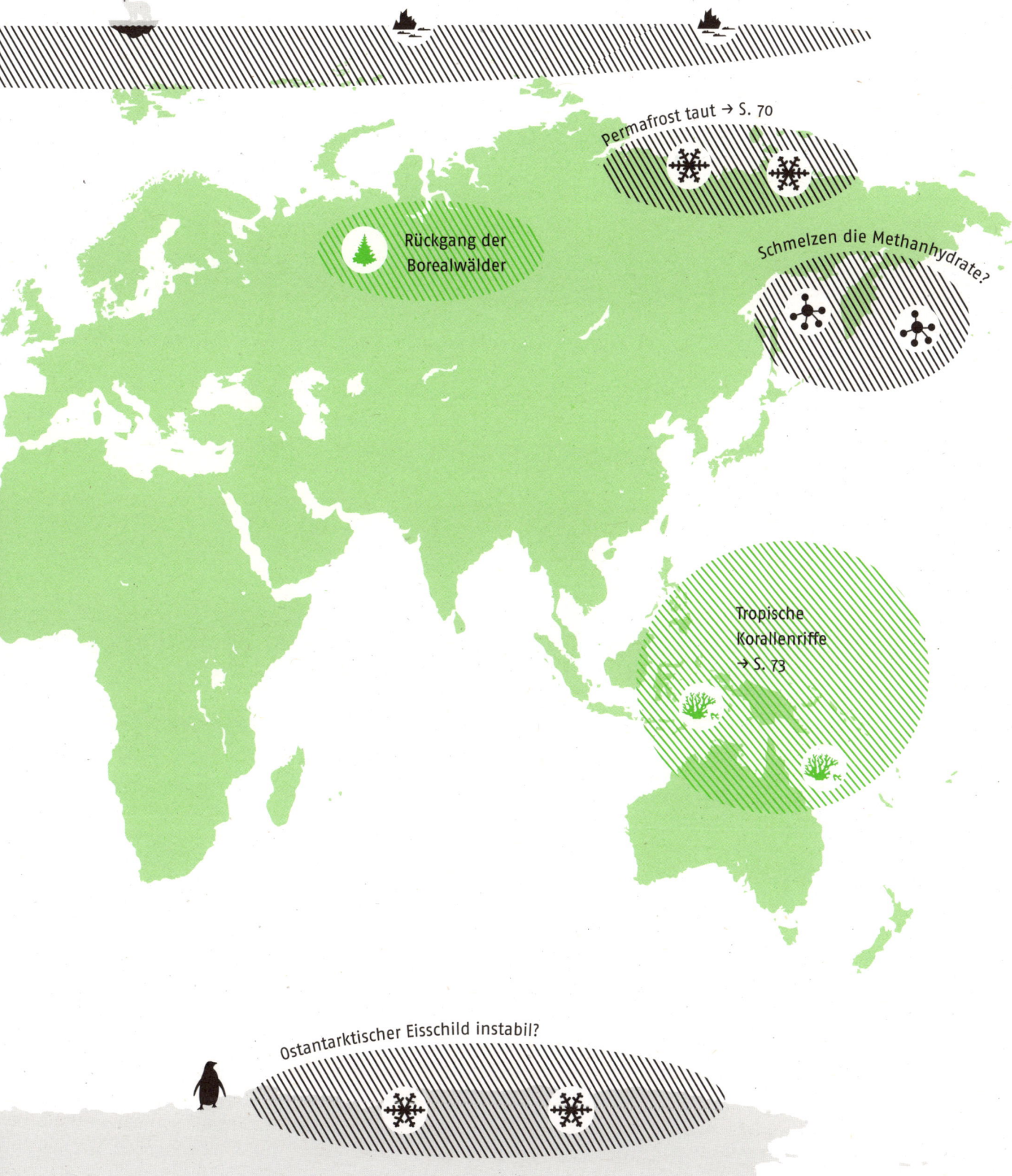

Eiskörper   Strömungssysteme   Ökosysteme
                   (Ozean/Atmosphäre)

Arktisches Meereis
schmilzt → S. 64

Permafrost taut → S. 70

Rückgang der
Borealwälder

Schmelzen die Methanhydrate?

Tropische
Korallenriffe
→ S. 73

Ostantarktischer Eisschild instabil?

Quelle: Kriegler et al, (2009)

»Wir haben keine Zeit mehr
zum Quasseln ...
Der Klimawandel beeinflusst
unser Klima
hier und jetzt.« (1988)

Dr. James E. Hansen,
Earth Institute, Columbia University
ehem. NASA-Direktor

Degradation der Böden

Internet und Daten

CO₂–Emissionen

Waldrodung

Agrarwirtschaft

Konsum

Energiebedarf

Lebensstil

Welttourismus

hohes Transportaufkommen

Klimatreiber Mensch

Anthropogene Treibhausgase

Die globale Erwärmung ist menschengemacht, das belegen unzählige Studien der letzten 30 Jahre. Klimawissenschaftler weltweit waren sich noch nie so einig bei einem Thema: Die wachsenden anthropogenen Treibhausgasemissionen, besonders die Erhöhung des CO_2-Gehalts, sind für die menschengemachte Klimakrise verantwortlich.

Bis auf die F-Gase waren alle hier dargestellen Spurengase in geringerer Konzentration auch vor dem industriellen Zeitalter in der Atmosphäre vorhanden. Sie sorgten früher gemeinsam mit Wasserdampf für den natürlichen Treibhauseffekt.

65 % Kohlendioxid
aus fossilen Brennstoffen und Industrie

Die Förderung, das Verarbeiten und das Verbrennen von fossilen Brennstoffen wie Kohle, Erdgas und Erdöl emittierten die größte Menge des Treibhausgases CO_2.

11 % Kohlendioxid
aus Forstwirtschaft und Landnutzung

Entwaldung, Waldbrandrodung, Trockenlegung von Torfmooren und Veränderung der Böden durch die Landwirtschaft entlassen ebenfalls CO_2 in die Atmosphäre.

16 % Methan

Durch Massentierhaltung, Mülldeponien, Abwasserkläranlagen, Abbau und Förderung von Brennstoffen und das Tauen des Permafrostbodens entstehen Methanemissionen.

6 % Lachgas (Distickstoffmonoxid)

Der Großteil der Lachgasemissionen stammt aus der Landwirtschaft. Die Bearbeitung der Böden, stickstoffhaltige Düngemittel wie Nitrat und Ammoniak sowie Massentierhaltung sind dafür verantwortlich.

2 % F-Gase (Fluorkohlenwasserstoffe)

Fluorkohlenwasserstoffe werden als Treibgas, Kühl- und Löschmittel oder bei der Produktion von Schallschutzscheiben verwendet.

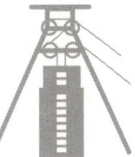

Anthrogopogene Treibhausgasemissionen weltweit im Detail (2014)

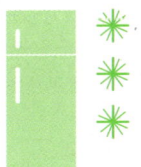

ca. **2/3**
Wasserdampf

In unserer Atmosphäre befindet sich viel Wasserdampf. Er trägt zu 2/3 zum natürlichen Treibhauseffekt bei, ist also das wichtigste Treibhausgas. Je mehr die Ozean- und Lufttemperaturen ansteigen, umso mehr Wasserdampf gelangt in die Atmosphäre. Weil Wasserdampf Wolken und Regen bildet, ergibt sich ein ständiger Kreislauf, der das Klima stark beeinflusst.

Quellen: IPCC (2014), UBA (2018)

Paralleles Wachstum: Weltbevölkerung und CO$_2$-Gehalt

Ebenso rapide wie das Be-
völkerungswachstum steigt
auch der Bedarf an Energie,
Transport- und Lebensmitteln.
In der Folge steigen die
CO$_2$- Emissionen weltweit an.

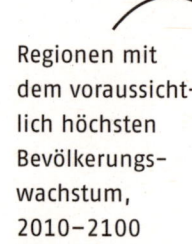

Regionen mit
dem voraussicht-
lich höchsten
Bevölkerungs-
wachstum,
2010–2100

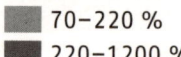

70–220 %
220–1200 %

Weltbevölkerung In Milliarden

8,0
7,0
6,0
5,0
4,0
3,0
2,0
1,0
0,0

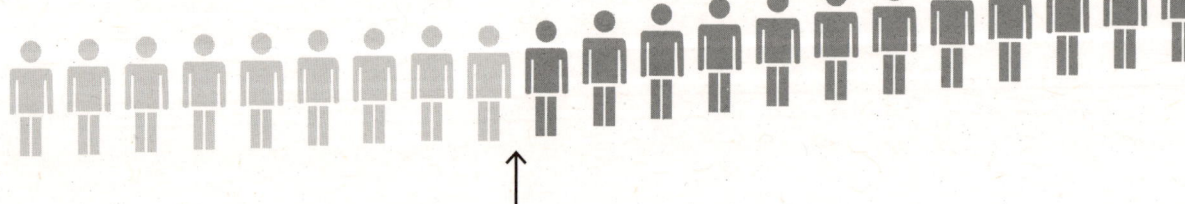

Weltbevölkerung 1800:
0,9 Milliarden Menschen
CO$_2$-Gehalt: 270 ppm

Beginn der
Industrialisierung

1800

1850

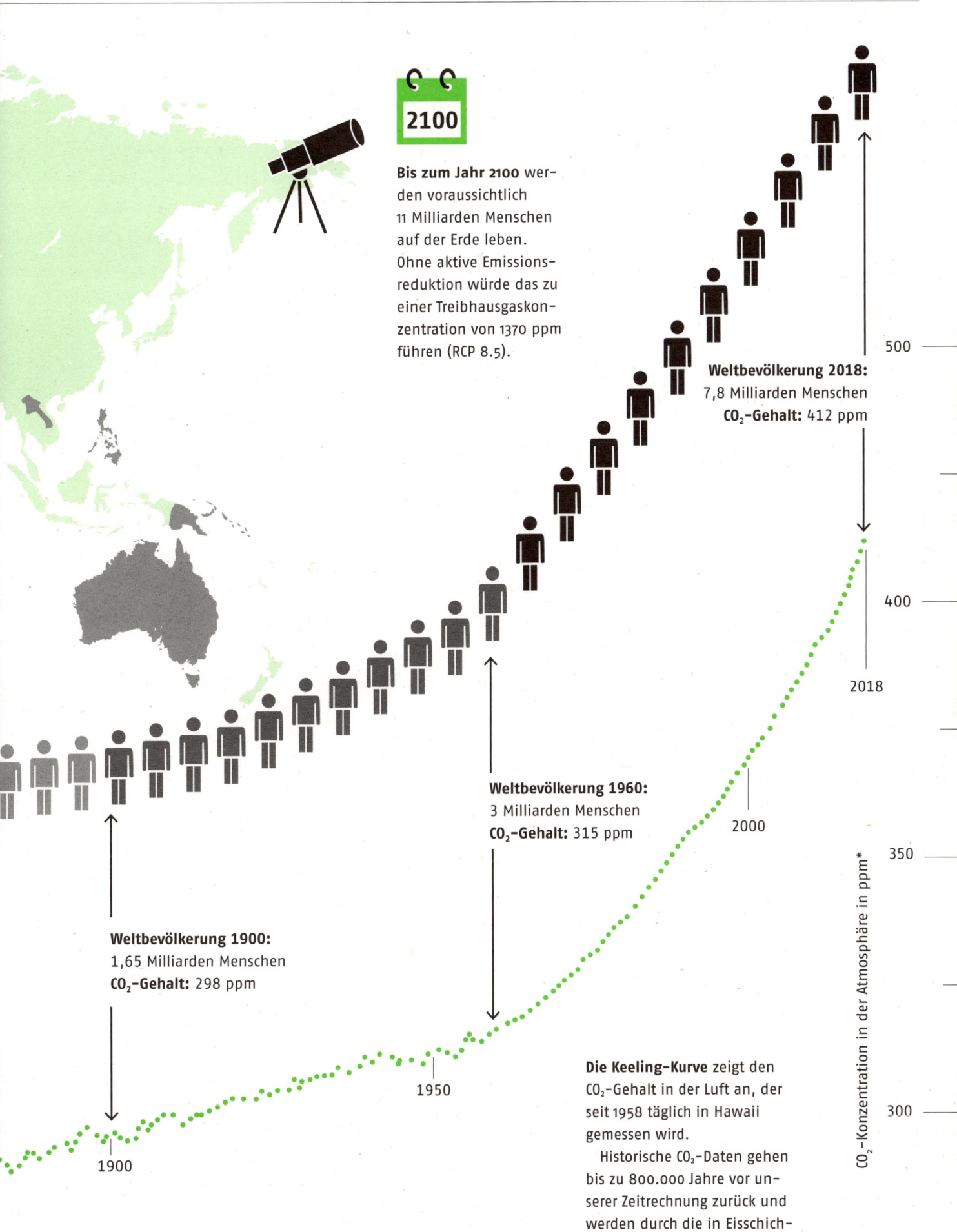

2100

Bis zum Jahr 2100 werden voraussichtlich
11 Milliarden Menschen
auf der Erde leben.
Ohne aktive Emissions-
reduktion würde das zu
einer Treibhausgaskon-
zentration von 1370 ppm
führen (RCP 8.5).

Weltbevölkerung 2018:
7,8 Milliarden Menschen
CO_2-Gehalt: 412 ppm

500

400

2018

Weltbevölkerung 1960:
3 Milliarden Menschen
CO_2-Gehalt: 315 ppm

2000

350

Weltbevölkerung 1900:
1,65 Milliarden Menschen
CO_2-Gehalt: 298 ppm

CO_2-Konzentration in der Atmosphäre in ppm*

1950

Die Keeling-Kurve zeigt den
CO_2-Gehalt in der Luft an, der
seit 1958 täglich in Hawaii
gemessen wird.
   Historische CO_2-Daten gehen
bis zu 800.000 Jahre vor unserer Zeitrechnung zurück und
werden durch die in Eisschichten eingeschlossenen Gase
ermittelt.

300

1900

Quellen: NOAA (2018), UN (2013+2018)

Klimatreiber Mensch

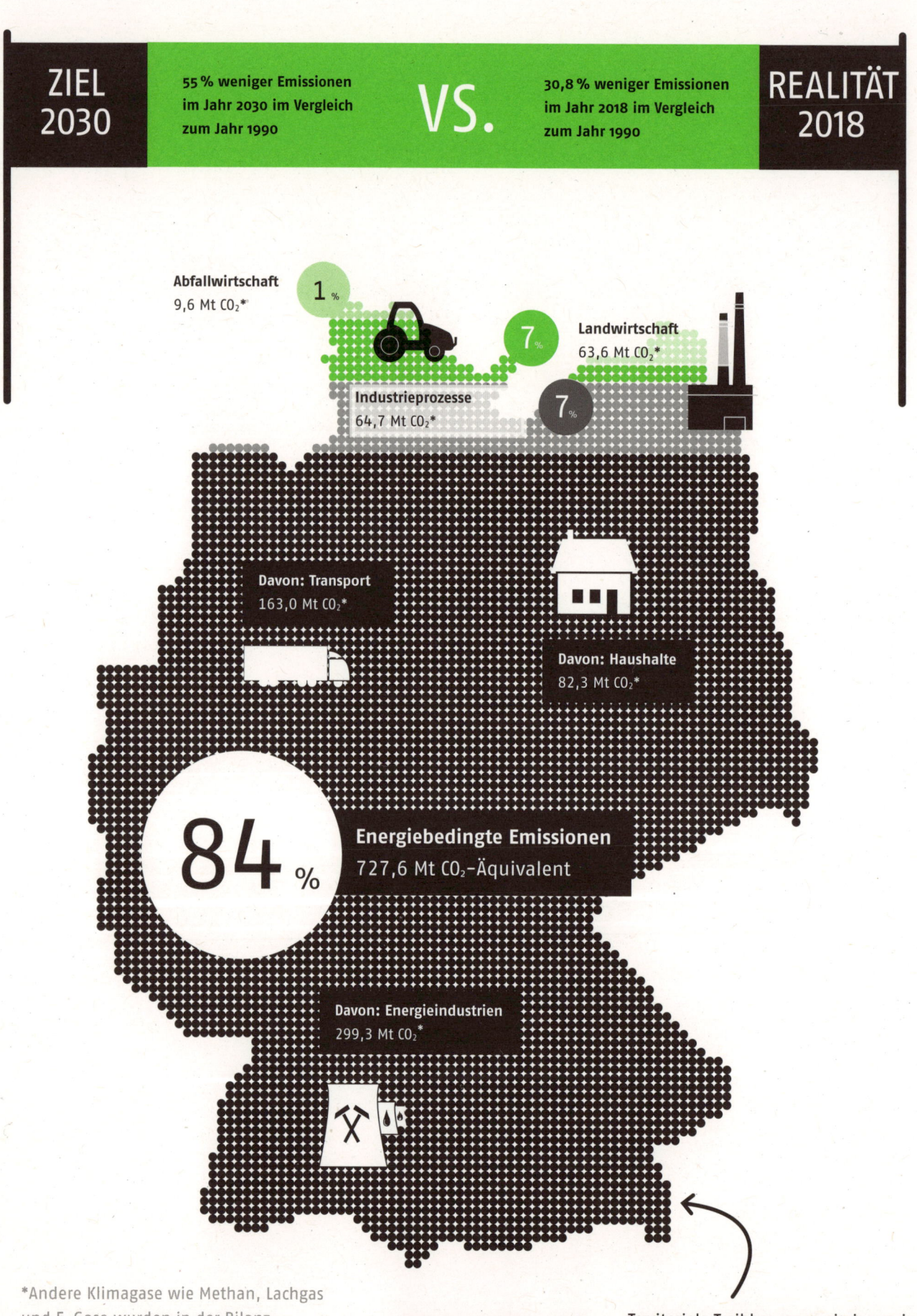

ZIEL 2030

55 % weniger Emissionen im Jahr 2030 im Vergleich zum Jahr 1990

VS.

30,8 % weniger Emissionen im Jahr 2018 im Vergleich zum Jahr 1990

REALITÄT 2018

Abfallwirtschaft
9,6 Mt CO$_2$*

1 %

7 %

Landwirtschaft
63,6 Mt CO$_2$*

Industrieprozesse
64,7 Mt CO$_2$*

7 %

Davon: Transport
163,0 Mt CO$_2$*

Davon: Haushalte
82,3 Mt CO$_2$*

84 %

Energiebedingte Emissionen
727,6 Mt CO$_2$–Äquivalent

Davon: Energieindustrien
299,3 Mt CO$_2$*

*Andere Klimagase wie Methan, Lachgas und F-Gase wurden in der Bilanz entsprechend ihrer Klimaschädlichkeit in CO$_2$-Äquivalente umgerechnet.

865,6

Territoriale Treibhausgasemissionen in Millionen Tonnen (Mt) CO$_2$-Äquivalenten laut einer Schätzung des Umweltbundesamts für das Jahr 2018.

Deutschlands CO$_2$-Emissionen im Detail

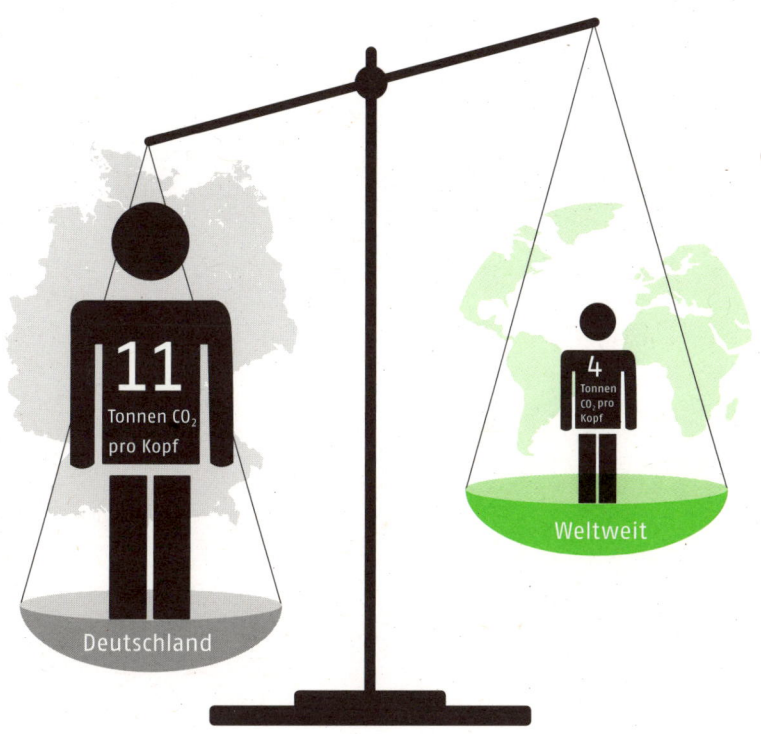

In Deutschland werden jährlich rund 11 Tonnen Treibhausgase pro Einwohner emittiert, ein Großteil davon als Kohlendioxid. Der weltweite Mittelwert liegt bei rund 4 Tonnen pro Kopf.

Insgesamt wurden in Deutschland im Jahr 2016 rund 802 Millionen Tonnen Treibhausgase ausgestoßen. Die CO$_2$-Bilanz unter Berücksichtigung der durch Importe getätigten Emissionen ist mit 888 Mt CO$_2$ um ca. 10 % höher.

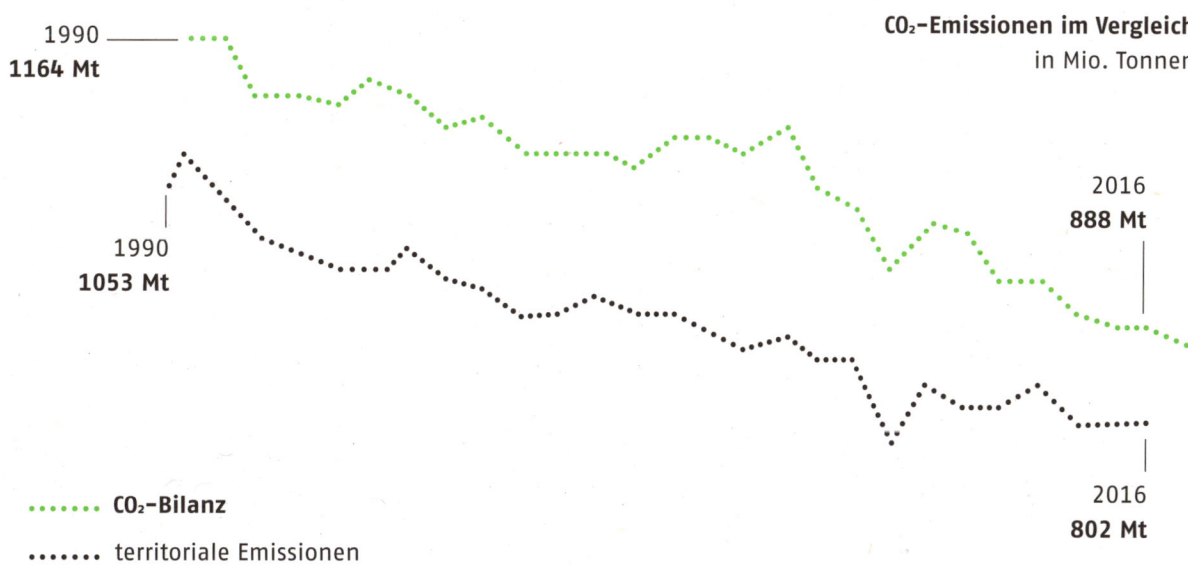

CO$_2$-Emissionen im Vergleich
in Mio. Tonnen

1990
1164 Mt

1990
1053 Mt

2016
888 Mt

2016
802 Mt

•••••• **CO$_2$-Bilanz**

•••••• territoriale Emissionen

Quellen: Boden et al. (2017), BP (2018), UBA (2019), UNFCCC (2018)

Der größte CO$_2$-Produzent

China produziert auf den ersten Blick so viel CO$_2$ wie kein anderes Land der Welt, seit 1990 hat sich die emittierte Menge mehr als verdreifacht. Die Pro-Kopf-Emissionen sind derzeit noch relativ gering, mit zunehmendem Wohlstand wird der Energieverbrauch der Privathaushalte jedoch steigen, bis zum Jahr 2040 voraussichtlich auf das Niveau von Europa. Das Land exportiert jedoch auch sehr viel, daher ist die CO$_2$-Bilanz der Emissionen bedeutend niedriger als die territorialen Emissionen.

Seit 2013 macht sich zudem ein Wandel bemerkbar: China ist momentan der weltweit führende Hersteller von Solaranlagen und das Land mit den meisten Solarparks. Im Jahr 2017 waren 130 Gigawatt Solarstromkapazität ans Netz angeschlossen, damit wurden 27 % des weltweiten Solarstroms produziert.

Erneuerbare Energien machen im Energiemix der Chinesen zurzeit 35 % aus. Der Strom für Fabriken und Industrie stammt noch zu 58 % aus Kohle, das selbst erklärte Ziel ist allerdings, bis 2040 auf 57 % erneuerbare Energien aufzustocken.

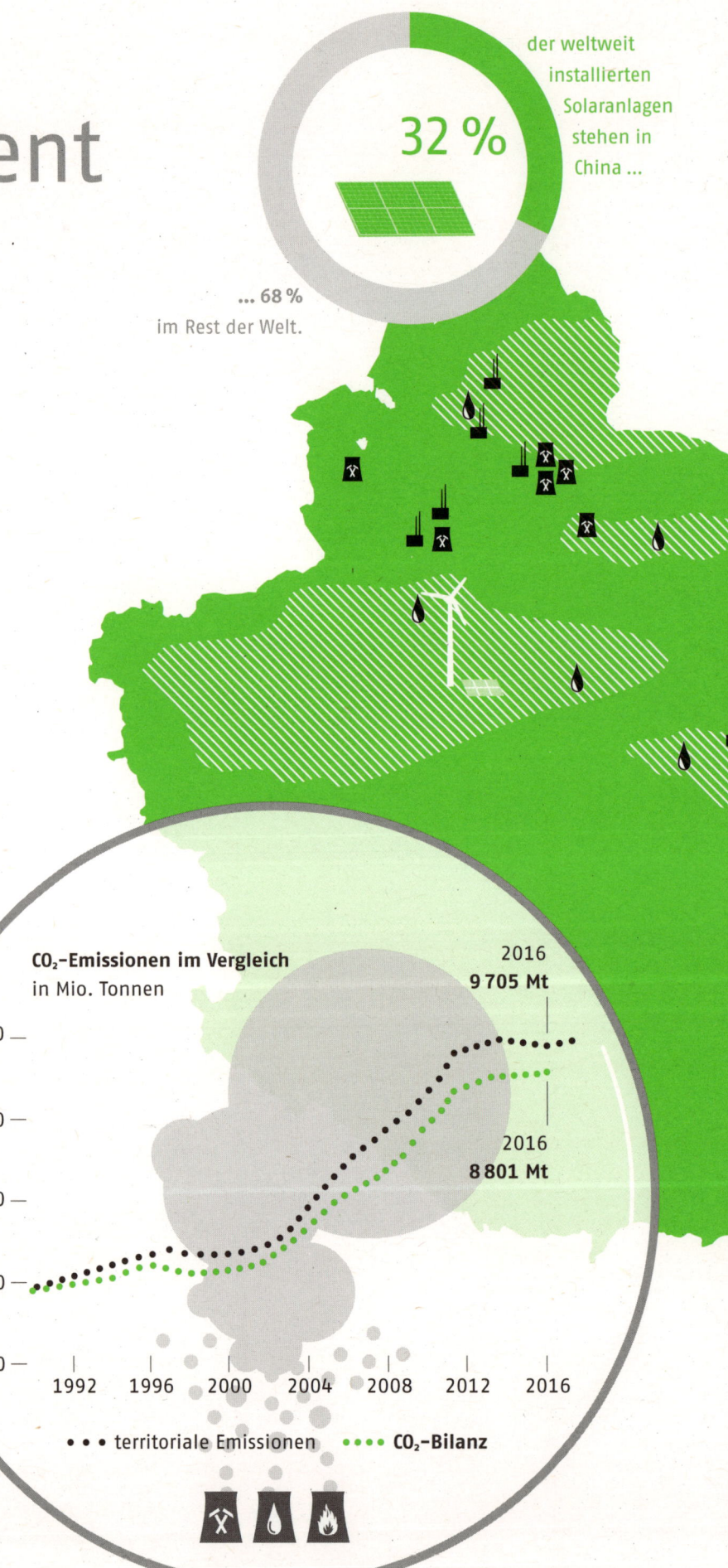

32 % der weltweit installierten Solaranlagen stehen in China ...

... **68 %** im Rest der Welt.

CO$_2$-Emissionen im Vergleich in Mio. Tonnen

2016
9 705 Mt

2016
8 801 Mt

10.000

7500

5000

2500

0

1992 1996 2000 2004 2008 2012 2016

• • • territoriale Emissionen   • • • CO$_2$-Bilanz

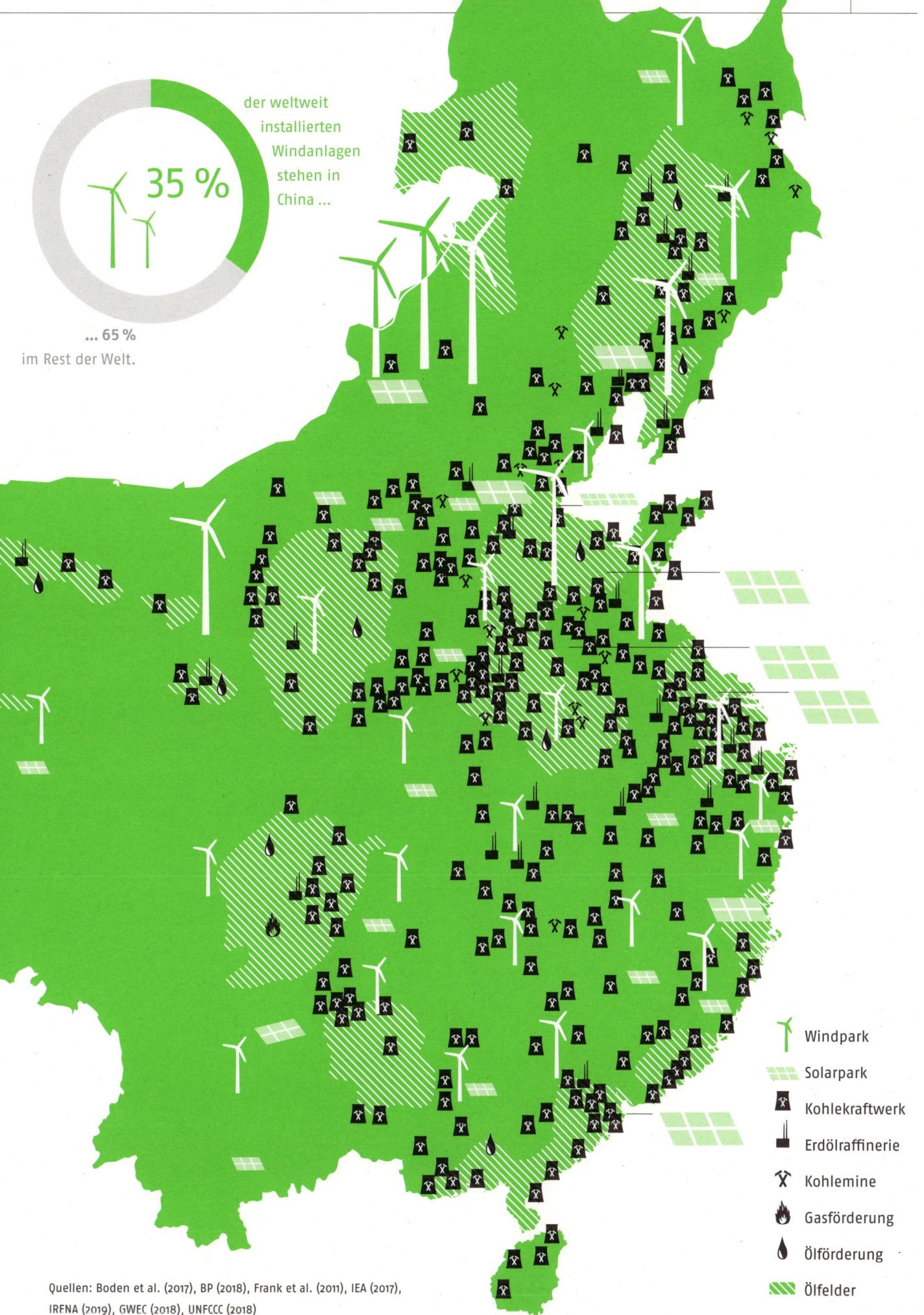

35 %

der weltweit installierten Windanlagen stehen in China ...

... 65 % im Rest der Welt.

	Windpark
	Solarpark
	Kohlekraftwerk
	Erdölraffinerie
	Kohlemine
	Gasförderung
	Ölförderung
	Ölfelder

Quellen: Boden et al. (2017), BP (2018), Frank et al. (2011), IEA (2017), IRENA (2019), GWEC (2018), UNFCCC (2018)

Versteckte Emissionen im Warenhandel

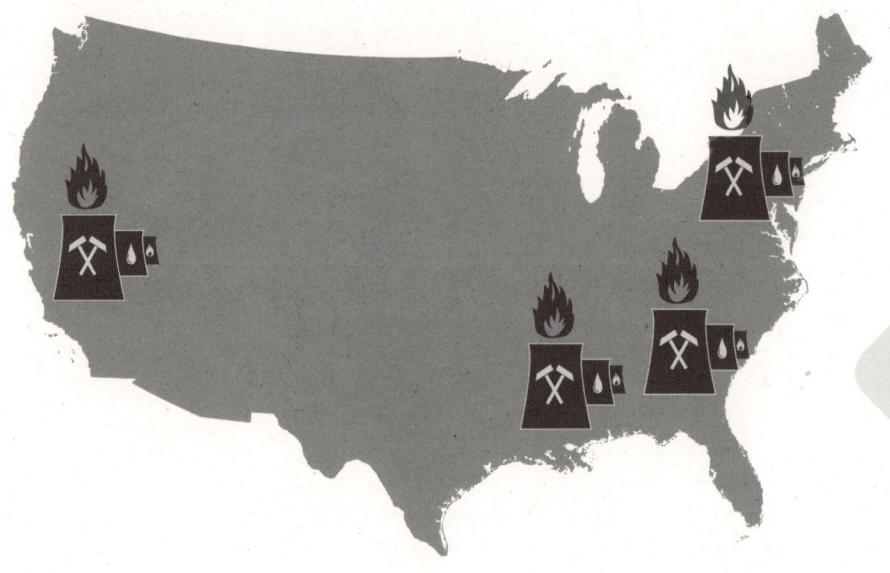

52 Mt CO$_2$

81 Mt CO$_2$

48 Mt CO$_2$

395 Mt CO$_2$

61 Mt CO$_2$

China produziert so viel Kohlendioxid wie kein anderes Land der Welt. Ein beträchtlicher Teil der Emissionen wird jedoch von Fabriken ausgestoßen, die Waren für den Weltmarkt fertigen: Im Jahr 2016 waren es 904 Millionen Tonnen CO$_2$. Allein die Produktion für den US-Markt verursacht rund 400 Millionen Tonnen CO$_2$ pro Jahr, die für Europa weitere 300 Millionen Tonnen.

Importe und Exporte bleiben in den nationalen Klimabilanzen unberücksichtigt. Im Jahr 2016 wurden in den USA so viele Waren importiert, dass die CO$_2$-Bilanz eigentlich rund 7 % höher gelegen hätte. Im gleichen Jahr waren die Importe in Deutschland sogar für 10 % mehr verantwortlich.

Wenn nur die territorialen CO$_2$-Emissionen eingeschränkt werden, aber die Unternehmen weiterhin Güter weltweit produzieren lassen und Emissionen in Drittländern verursachen, dann wird das Problem nur verlagert, gelöst wird es nicht. Die CO$_2$-Emissionen aller Länder müssten nach ihrem reelen Konsum kalkuliert sein, sodass ihre importierten und exportierten Emissionen im Gesamtausstoß berücksichtigt werden.

Export ▬ Import

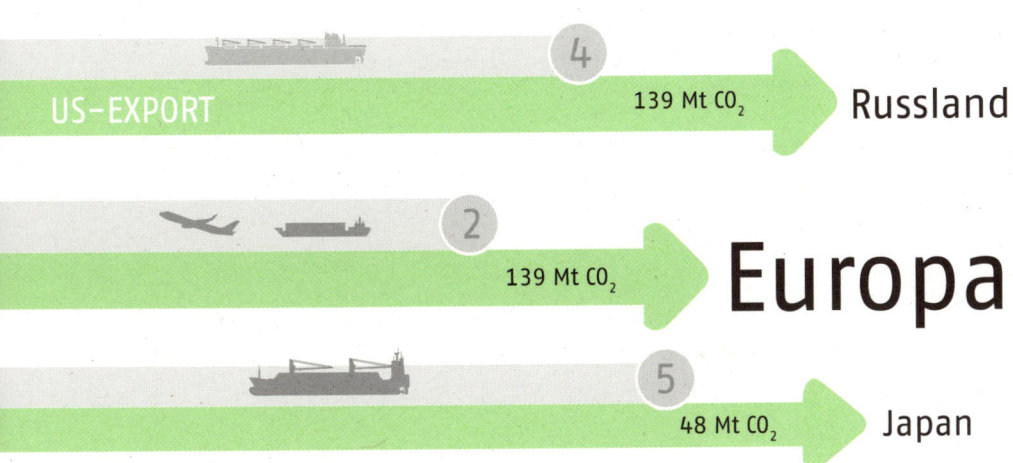

US-EXPORT

4 · 139 Mt CO_2 → Russland

2 · 139 Mt CO_2 → Europa

5 · 48 Mt CO_2 → Japan

US-IMPORT

1 · 26 Mt CO_2 → China

3 Arabische Emirate

Verteilung der ausgelagerten CO_2-Emissionen durch Export und Import (2010)

Netto-CO_2 (Importe minus Exporte) **407** Mt CO_2

+ Territoriale CO_2-Emissionen **5311** Mt CO_2

= CO_2-Bilanz der USA (2016) **5718** Mt CO_2

Quellen: EIA (2018), Davis et al (2010), Peters et al. (2014)

Europaweite CO$_2$-Bilanz und Ziele

Emissionen sind nicht gleich Emissionen: Die Kreise hier stellen die gesamte CO$_2$-Bilanz einzelner Länder, auch CO$_2$-Fußabdruck genannt, dar. Im Gegensatz zu den häufig zitierten »territorialen Emissionen«, bei denen nur die im Land produzierten Emissionen gezählt werden, sind hier Importe von Waren und Dienstleistungen dem Land zugeschrieben, in dem es verbraucht wird (mehr dazu auf Seite 36/37). Es kann also sein, dass die territorialen Emissionen eines Landes sinken, während die CO$_2$-Bilanz desselben Landes durch höhere Importe steigt.

Die CO$_2$-Bilanz der EU28 betrug im Jahr 2016 beispielsweise 4165 Millionen Tonnen CO$_2$, was im Vergleich zu 1990 einen Rückgang um 17 % darstellt. Wenn man jedoch die territorialen Emissionen betrachtet, ist der Rückgang mit 24 % sehr viel höher, da hier die »importierten Emissionen« nicht inbegriffen sind. Diese 24 % entsprechen den Zielen des Pariser Klimaabkommens, bei dem im Jahr 2015 fast 200 Nationen Emissionsziele festgesetzt haben, um die Erwärmung auf 1,5 °C zu begrenzen. Die EU will bis 2030 eine Reduktion der territorialen Emissionen um 40 % erreichen.

Wirksamer für den gesamten Planeten wäre es, wenn eine stärkere Reduktion der CO$_2$-Bilanz angestrebt würde – denn unterm Strich zählt für das Klima die weltweite Bilanz.

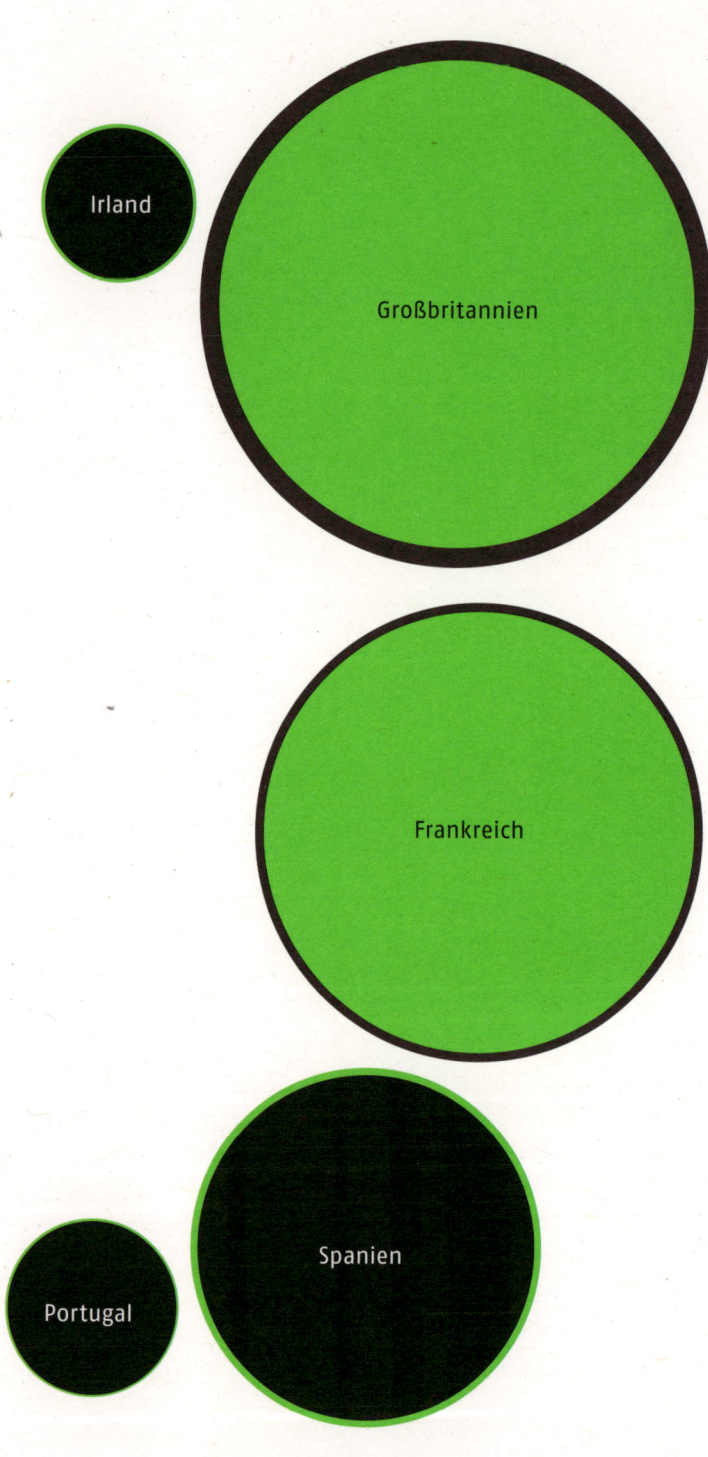

Irland
Großbritannien
Frankreich
Spanien
Portugal

Quellen: Boden et al. (2017), BP (2018), EC (2015), UNFCCC (2018), Wiedmann et al. (2010)

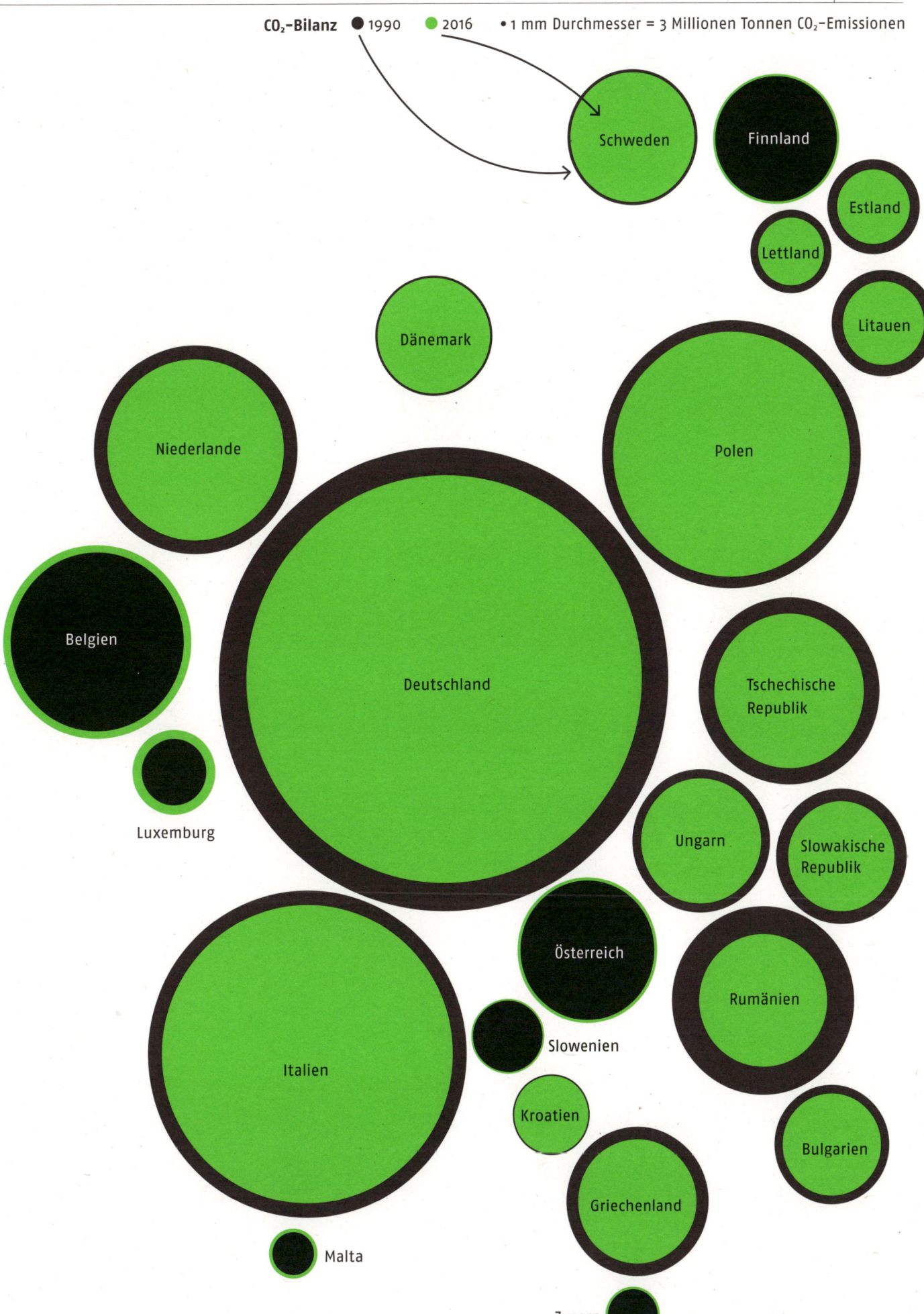

CO₂-Bilanz ● 1990 ● 2016 • 1 mm Durchmesser = 3 Millionen Tonnen CO₂-Emissionen

Schweden

Finnland

Estland

Lettland

Litauen

Dänemark

Niederlande

Polen

Belgien

Deutschland

Tschechische Republik

Luxemburg

Ungarn

Slowakische Republik

Österreich

Rumänien

Slowenien

Italien

Kroatien

Bulgarien

Griechenland

Malta

Zypern

CO$_2$-Fußabdruck des Tourismus

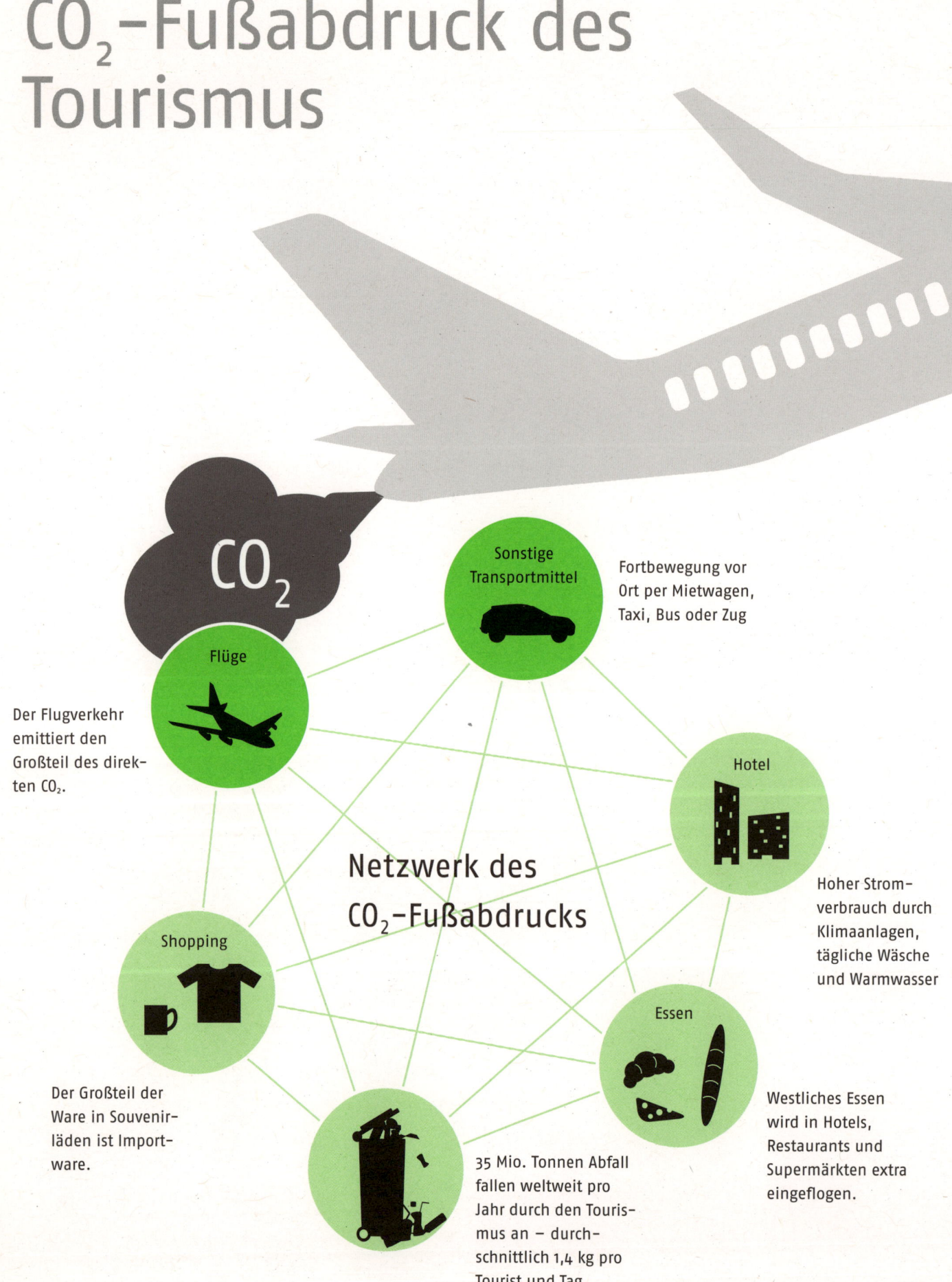

CO$_2$

Flüge

Der Flugverkehr emittiert den Großteil des direkten CO$_2$.

Sonstige Transportmittel

Fortbewegung vor Ort per Mietwagen, Taxi, Bus oder Zug

Hotel

Hoher Stromverbrauch durch Klimaanlagen, tägliche Wäsche und Warmwasser

Netzwerk des CO$_2$-Fußabdrucks

Shopping

Der Großteil der Ware in Souvenirläden ist Importware.

Essen

Westliches Essen wird in Hotels, Restaurants und Supermärkten extra eingeflogen.

35 Mio. Tonnen Abfall fallen weltweit pro Jahr durch den Tourismus an – durchschnittlich 1,4 kg pro Tourist und Tag.

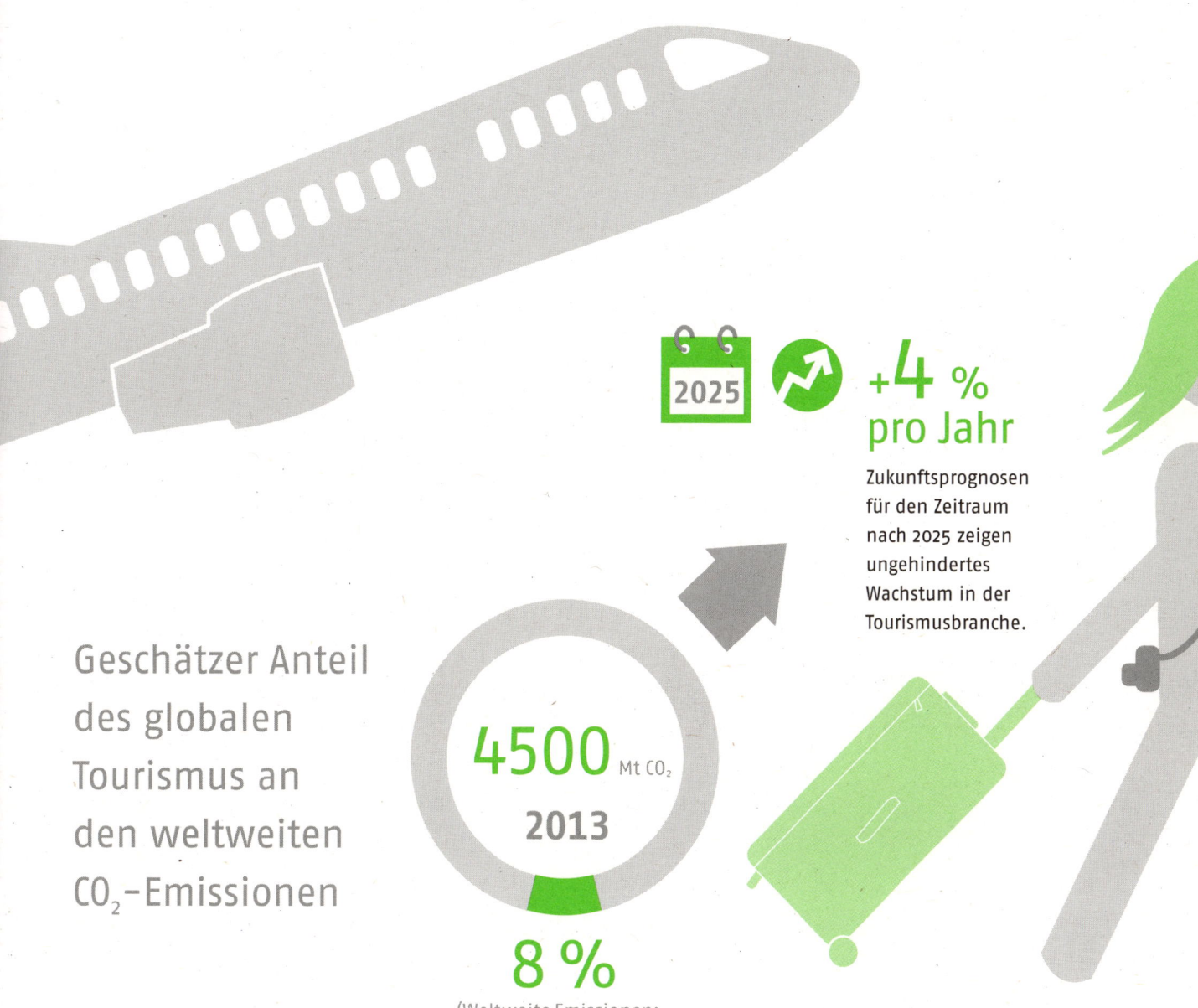

2025 +4 % pro Jahr

Zukunftsprognosen für den Zeitraum nach 2025 zeigen ungehindertes Wachstum in der Tourismusbranche.

Geschätzer Anteil des globalen Tourismus an den weltweiten CO_2-Emissionen

4500 Mt CO_2
2013

8 %
(Weltweite Emissionen: 35 208 Mt CO_2)

530 kg CO_2 VS. **5100 kg CO_2**

Kurzstreckenflug pro Person, hin und zurück

Langstreckenflug pro Person, hin und zurück

London · · · · Berlin

Berlin · · · · Bangkok

Flugreisen werden immer günstiger. Der Welttourismus wächst jährlich mit 3–5 %, genauso stetig wachsen die Emissionen in diesem Sektor.

Der CO_2-Fußabdruck des Tourismus beinhaltet den Transport zum Zielland und lokale Transportmittel, touristische Aktivitäten und Touren vor Ort sowie die Unterkunft, Einkäufe und das dort konsumierte Essen, welches oft extra importiert wird.

Quellen: Ezeah (2015), Lenzen et al. (2018), atmosfair (2018)

Energieriese Internet

416 Terrawatt

Strom wurden geschätzt von allen weltweiten Rechenzentren im Jahr 2015 verbraucht. Das entspricht 2 % der globalen CO_2-Emissionen und ist so viel, wie ganz Australien im Jahr 2015 emittierte.

CO$_2$
2040

14 %

der globalen Emissionen werden 2040 voraussichtlich von Rechenzentren verursacht.

Anteil der weltweiten Rechenzentren, die in den USA stehen: **44 %**

660.000 m²

umfasst das welt-
weit größte Rechen-
zentrum, das »TAHOE
RENO 1 Data Center«
in Nevada, USA.
Es bezieht seine
650 MW zu 100 %
aus grüner Energie.

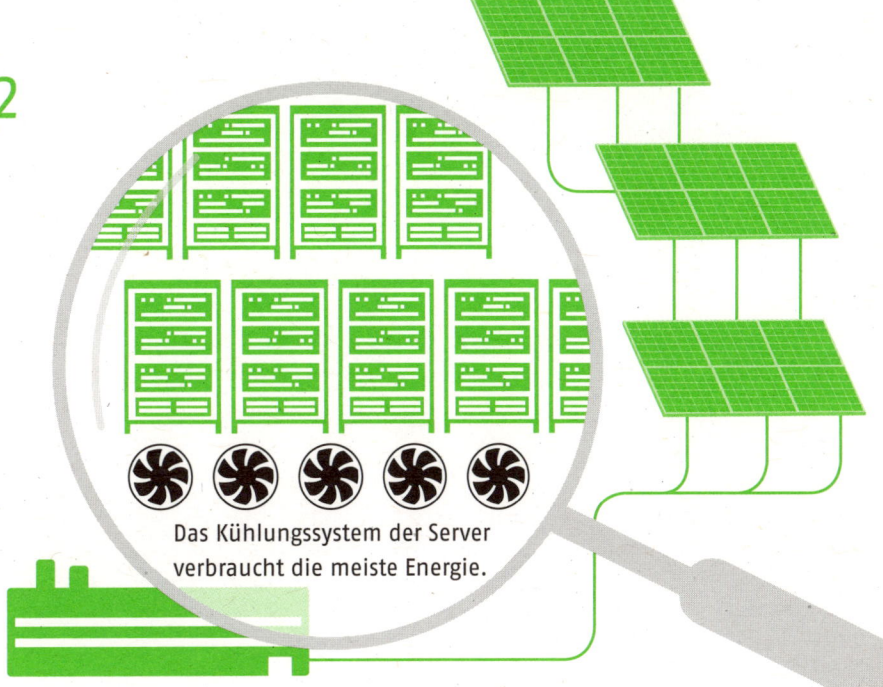

Das Kühlungssystem der Server
verbraucht die meiste Energie.

69 Mt CO₂

wurden durch den Gebrauch
des Onlinezahlsystems Bitcoin
im Jahr 2017 emittiert. Wenn der
momentane Wachstumstrend
sich noch verstärkt, würden die
durch Bitcoin verursachten
CO_2-Emissionen bis zum Jahr
2035 ausreichen, um den
Planeten auf über 2 °C zu er-
hitzen.

7 Mio.

Der weltweite E-Mail-Verkehr
erzeugt genauso viele CO_2-Emis-
sionen wie 7 Millionen Autos.

Quellen: Belkhir et al. (2018), LSBU (2018), Shehabi et al. (2016), Mora et al. (2018), SRG (2017), McAfee (2009), Whitehead et al. (2014)

Warentransport:
Motor der Globalisierung

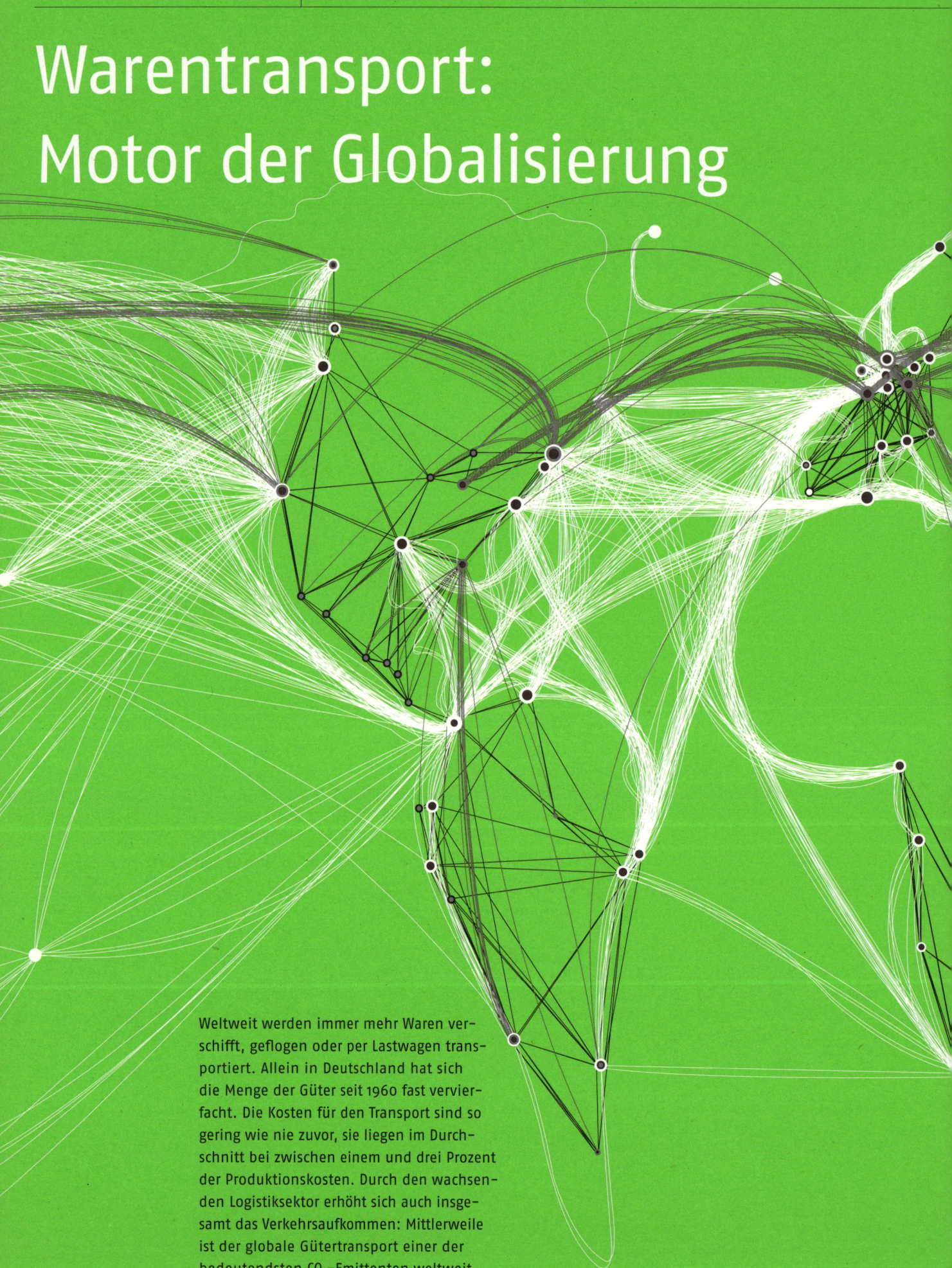

Weltweit werden immer mehr Waren ver-
schifft, geflogen oder per Lastwagen transportiert. Allein in Deutschland hat sich
die Menge der Güter seit 1960 fast vervier-
facht. Die Kosten für den Transport sind so
gering wie nie zuvor, sie liegen im Durchschnitt bei zwischen einem und drei Prozent
der Produktionskosten. Durch den wachsenden Logistiksektor erhöht sich auch insgesamt das Verkehrsaufkommen: Mittlerweile
ist der globale Gütertransport einer der
bedeutendsten CO_2-Emittenten weltweit.

Luft, Wasser, Straße: die meistgenutzten
Routen des globalen Warentransports.

Quellen: ACI (2018), AAPA (2016), RITA (2018)

Emissionen durch Regenwaldrodung

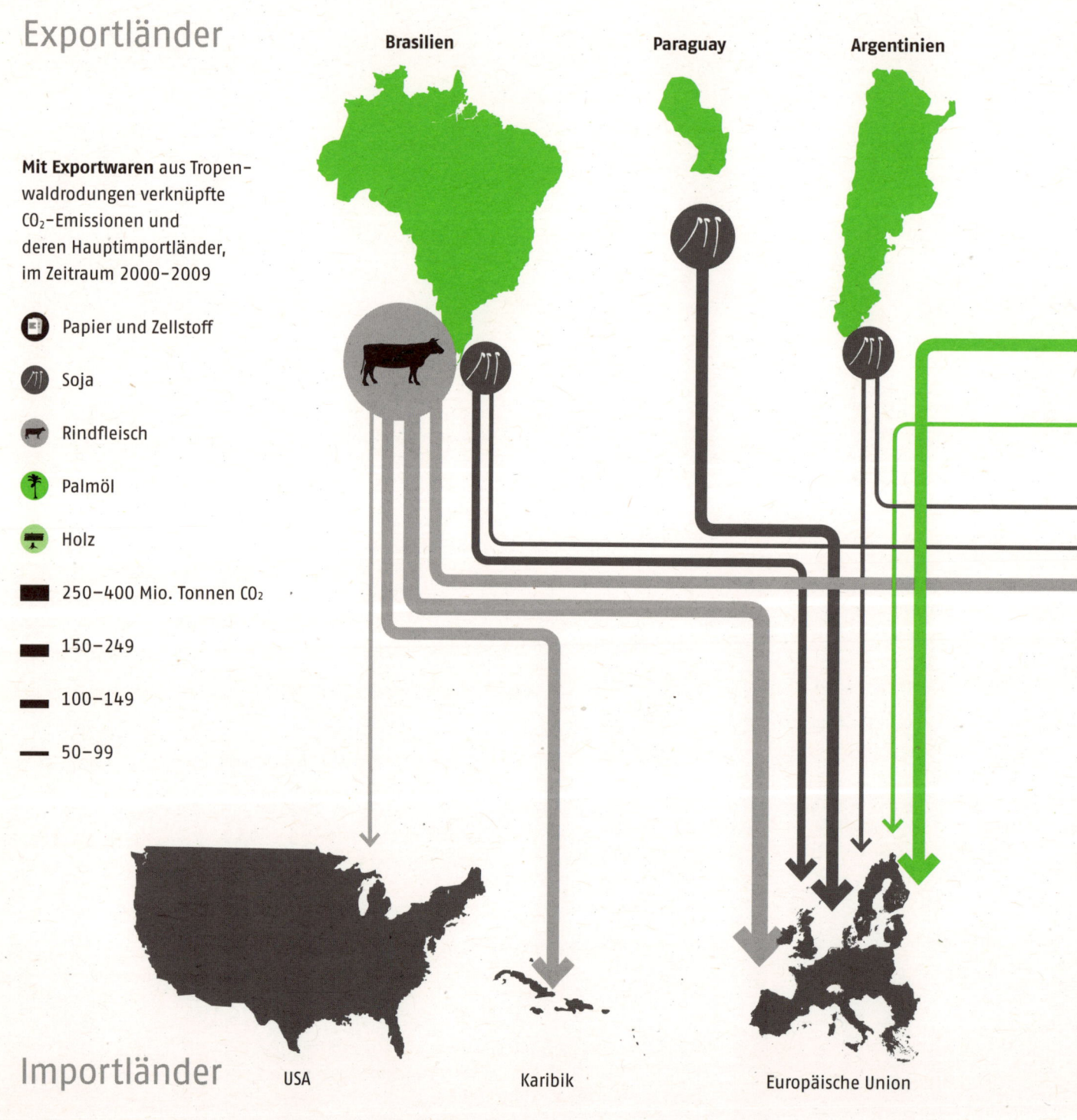

Exportländer

Mit Exportwaren aus Tropenwaldrodungen verknüpfte
CO_2-Emissionen und
deren Hauptimportländer,
im Zeitraum 2000–2009

Papier und Zellstoff

Soja

Rindfleisch

Palmöl

Holz

250–400 Mio. Tonnen CO_2

150–249

100–149

50–99

Brasilien

Paraguay

Argentinien

Importländer

USA

Karibik

Europäische Union

Die Europäische Union hat im Zeitraum 2000–2009 mind. 1000 Millionen Tonnnen CO_2 in Form von Waren importiert, die mit Tropenwaldrodungen verknüpft sind. Das entspricht einer jährlich entwaldeten Fläche von ca. 1 Million Fußballfeldern.

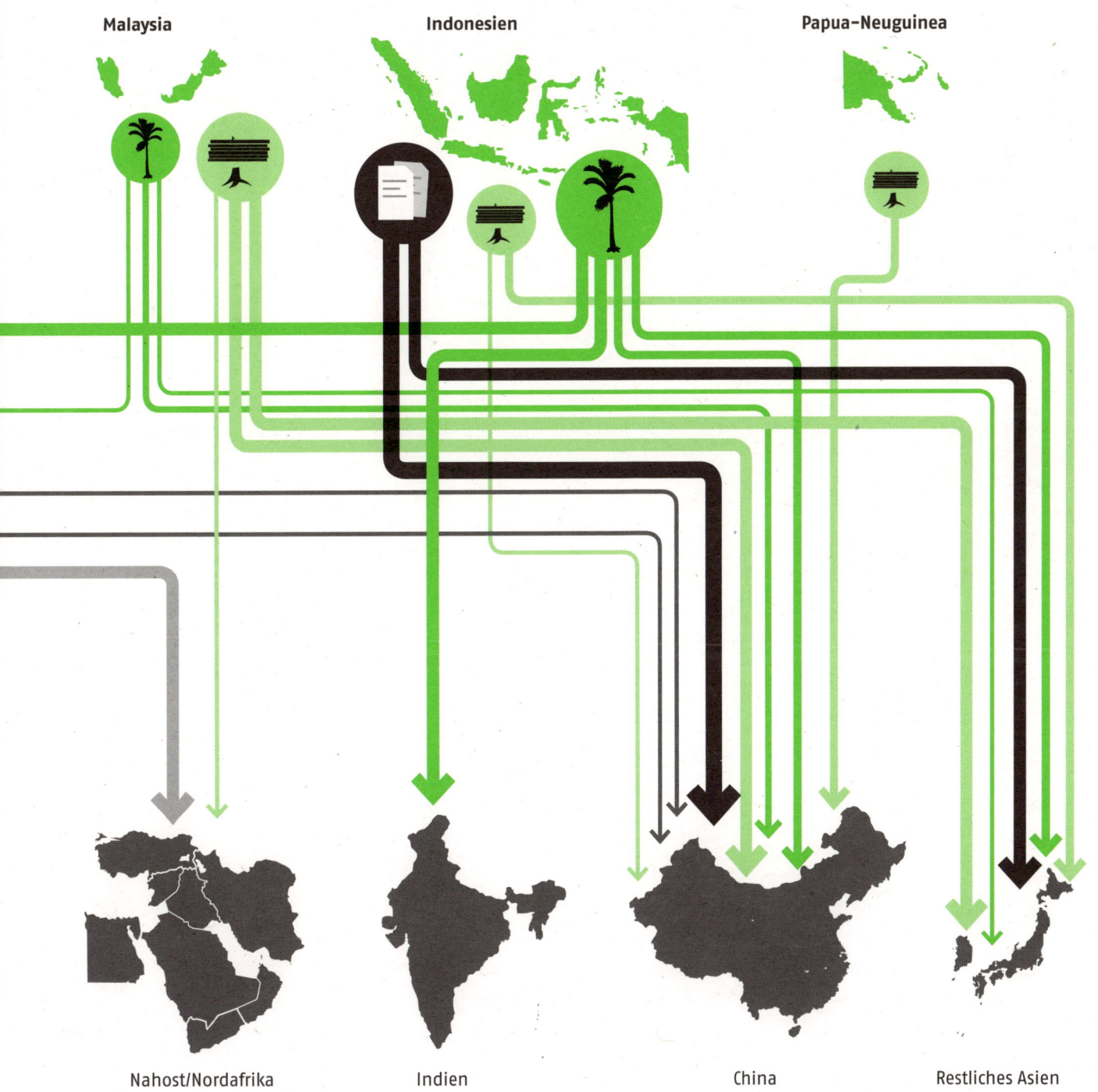

Quellen: Cuypers et al. (2013), Henders et al. (2015)

Holzproduktion pro Jahr ● bis 100.000 m³  100.000–300.000 m³  mehr als 300.000 m³

Anzahl der Rinder in Mio. bis 1,8 bis 4,2  bis 14

Gefährdeter Regenwald

Durch das Amazonasbecken erstreckt sich der größte zusammenhängende Regenwald der Erde. Auf rund 6,7 Millionen Quadratkilometern leben Millionen Pflanzen- und Tierarten. Die fortschreitende Zerstörung des Gebiets gilt als einer der Kipppunkte im Klimasystem. Forscher warnen, dass dieser Kipppunkt bald erreicht werden könnte: 20 % des Amazonas-Regenwaldes wurden bislang gerodet. Bei 20–25 % könnte bereits eine kritische Schwelle erreicht sein – zum einen durch bestehende Effekte der menschengemachten Klimakrise, zum anderen durch Austrocknungseffekte nach Brandrodungen.

Der Amazonas-Regenwald sorgt durch seinen Wasserkreislauf für ein ganz eigenes Klima: Morgens steigen aus dem Regenwald Nebelwolken auf, das Wasser kondensiert, formt Wolken und beeinflusst die Niederschläge in ganz Südamerika. Zudem sind in der Biomasse des Waldes gewaltige Mengen an Kohlenstoff gebunden – so viel, wie die gesamte Menschheit in zehn Jahren emittiert.

Durch Abholzung des Regenwaldes und vor allem durch Brandrodung werden jährlich 10–15 % der weltweit emittierten Treibhausgase freigesetzt. Zudem ist durch die Vernichtung großer Waldflächen das Gleichgewicht des gesamten Ökosystems bedroht. Seit Beginn der Abholzung des Amazonas sind in direkter Folge mindestens 140 Tierarten ausgestorben, viele weitere Arten gelten als gefährdet. Mit dem Waldverlust geht also auch ein enormer Biodiversitätsverlust einher.

Ca.
20.000
Tonnen Kohlenstoff sind in 1 km² Regenwald gebunden

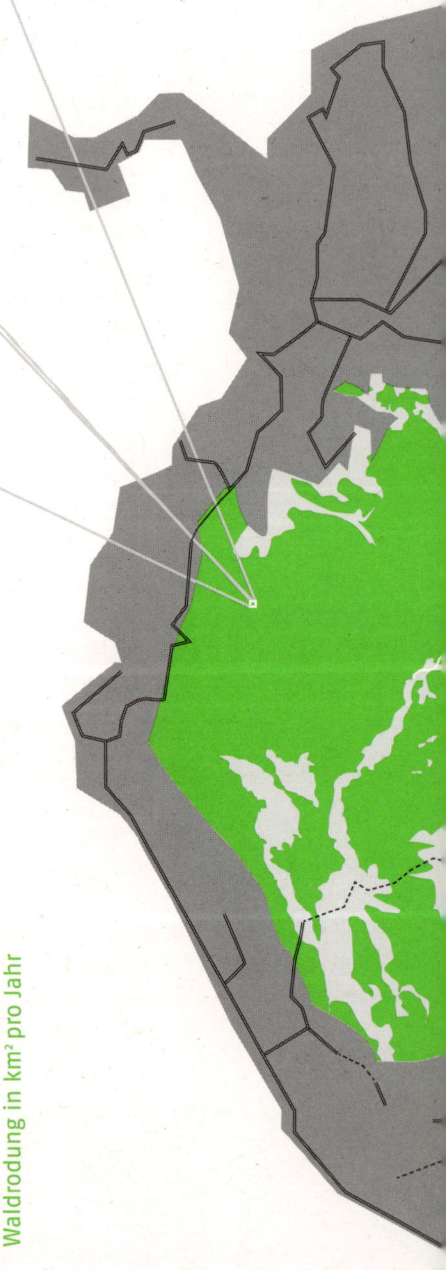

Regenwaldrodung im Vergleich

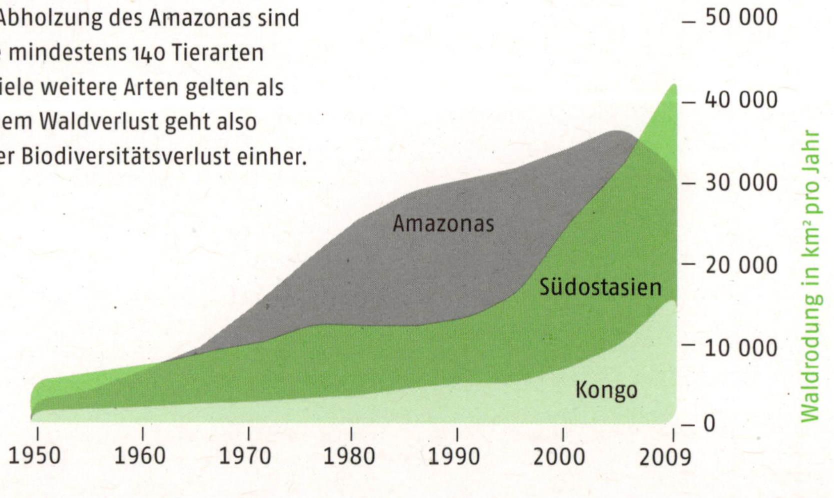

Amazonas

Südostasien

Kongo

Waldrodung in km² pro Jahr

– 50 000
– 40 000
– 30 000
– 20 000
– 10 000
– 0

1950   1960   1970   1980   1990   2000   2009

Quellen: Ernst et al. (2007), Garret et al (2015), GFW (2018), Lovejoy et al. (2018), Nobre et al. (2016), Rosa et al. (2016)

--- Asphaltierung in Planung   = asphaltierte Straßen   — unbefestigte Straßen   〜 Flüsse   ▪ abgeholzter Regenwald

Sojaproduktion in Mio. Tonnen   ⦿ bis 0,5   ⦿ bis 1,5   ⦿ bis 5,7

Um **25–35 %** könnten die globalen Treib-hausgasemissionen reduziert werden, wenn weltweit die Waldrodungen gestoppt und zerstörte Wälder wiederaufge-forstet würden.

In den letzten
18 Jahren
wurde weltweit eine Waldfläche gerodet, die etwas größer ist als Indien (ca. 3,6 Millionen km²).

Abholzung für Rinder und Soja

1 **Der Wald wird abgeholzt,** zum einen durch Brandrodungen, zum anderen mithilfe von Motorsägen.

2 **Die Infrastruktur** wird immer weiter ausgebaut. Erst entsteht ein Fischgrätmuster, dann der totale Kahlschlag.

6 **Die Nachfrage nach Soja** steigt. Es wird neben dem direkten Verzehr weltweit als Tierfutter, pflanzliches Öl und Biodiesel verwendet.

5 **Liefern die Weideflächen** nicht mehr genügend Nahrung für die Tiere, wird dort z. B. Soja angebaut.

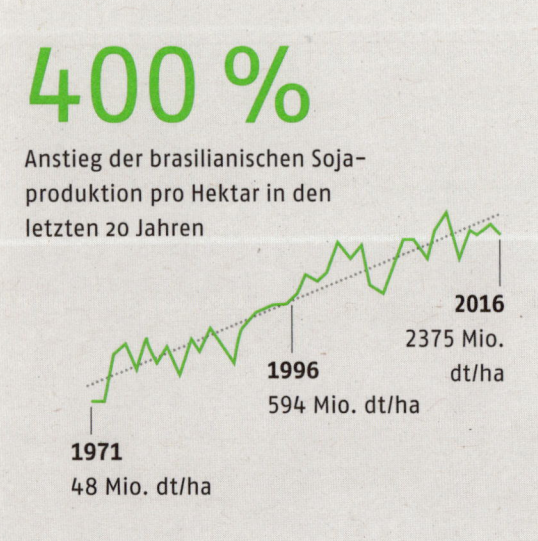

400 %

Anstieg der brasilianischen Soja-produktion pro Hektar in den letzten 20 Jahren

2016
2375 Mio. dt/ha

1996
594 Mio. dt/ha

1971
48 Mio. dt/ha

320.000 km²

sind in Brasilien durch den Sojaanbau bedeckt – eine Fläche, die fast so groß ist wie Deutschland. Rund zwei Drittel der Sojapflanzen werden im Amazonasgebiet angebaut, rund ein Drittel im Cerrado-Gebiet im Bundesstaat Mato Grosso.

167 Mio.

Hektar Weidefläche für Rinder
gibt es heute in Brasilien (2017).

3 **Rinderfarmen** breiten sich aus
und nutzen von der Holz-
industrie gerodete Regenwald-
flächen als Weideland.

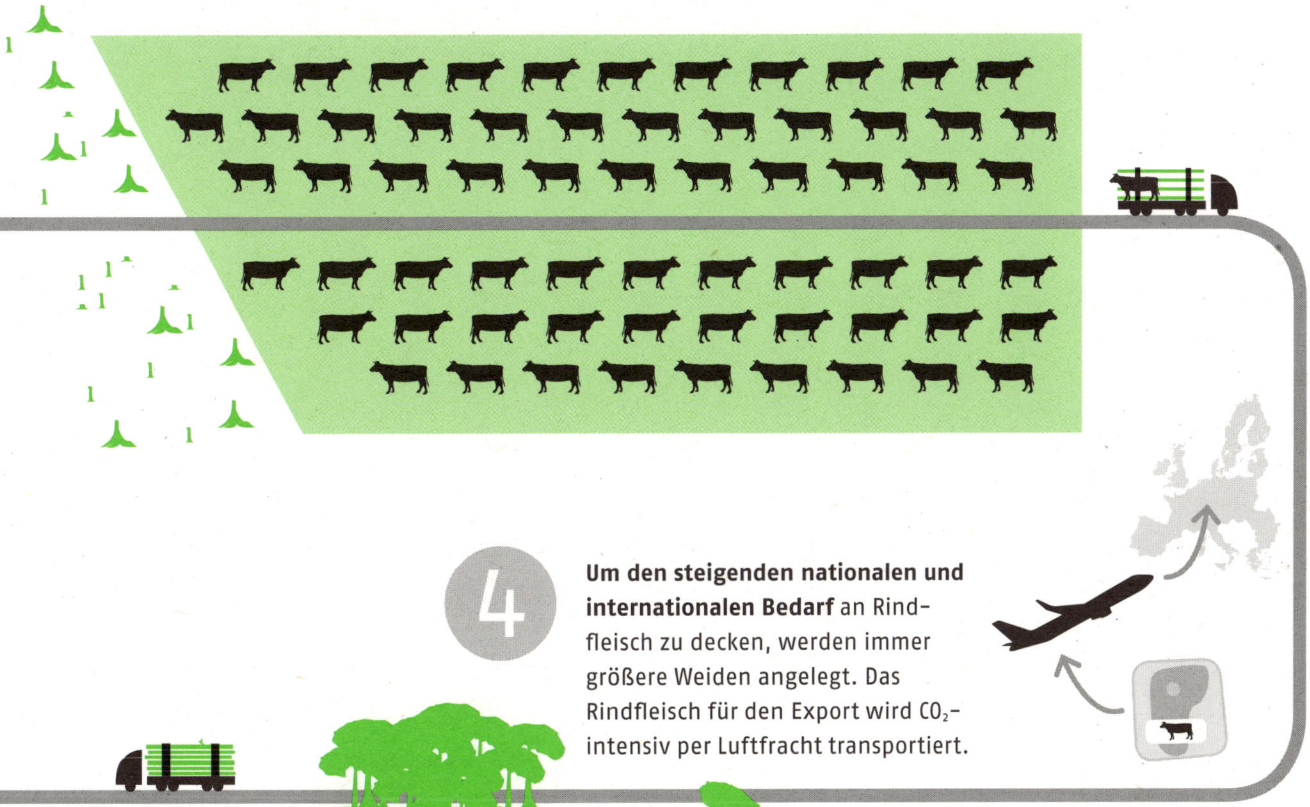

4 **Um den steigenden nationalen und
internationalen Bedarf** an Rindfleisch zu decken, werden immer
größere Weiden angelegt. Das
Rindfleisch für den Export wird CO_2-
intensiv per Luftfracht transportiert.

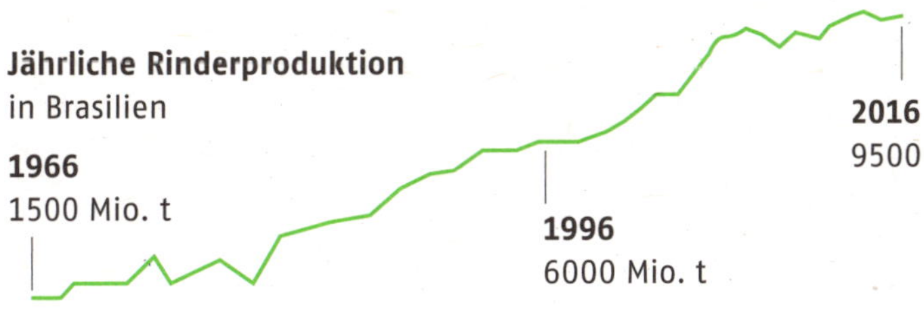

Jährliche Rinderproduktion
in Brasilien

1966
1500 Mio. t

1996
6000 Mio. t

2016
9500 Mio. t

Mit

209 Mio.

Rindern hat Brasilien (2016)
weltweit die größte Rinderzucht.

Quellen: Hubbs et al. (2017), USDA (2017)

Palmölplantagen in Südostasien

Ein gesundes Torfmoorökosystem hat einen hohen Grundwasserspiegel.

Anstelle des Waldes werden Ölpalmen gepflanzt.

Der Regenwald auf dem Torfmoor wird für die Holzproduktion und zur Hälfte durch illegale Brandrodung abgeholzt.

CO₂ wird freigesetzt

CO₂

CO₂

Bäume und Pflanzen

Torfmoorboden

Die Entwässerung der Böden setzt ein, CO₂ und Methan werden freigesetzt.

Ausgetrocknet und Entwaldet: Schnell wird das restliche CO₂ freigesetzt.

Durch Hitze und fehlende Bodenfeuchte entstehen Feuer, bei denen weiteres CO₂ freigesetzt wird.

Endstufe: Das Ökosystem Torfmoor ist zerstört, der Grundwasserspiegel am untersten Limit.

Torfböden binden große Mengen der Klimagase CO₂ und Methan. Weltweit speichern Torfmoore mindestens 300 Milliarden Tonnen Kohlenstoff. Das entspricht einem Fünftel des gesamten Bodenkohlenstoffs – obwohl der Torf nur einen Bruchteil unseres Planeten einnimmt. Wird das Moor, das vom Gewicht her zu 90 % aus Wasser besteht, trockengelegt, gelangt der Kohlenstoff als CO₂ in die Luft.

Quellen: Hawighorst (2015), Hooijer et al. (2010), Page et al. (2011), Noleppa et al. (2016)

Wofür Palmöl verwendet wird

Ca. 50 %

der Produkte im Supermarkt enthalten Palmöl. Durch ihr schnelles Wachstum hat die Ölpalme einen sehr hohen Ertrag pro Hektar, dadurch ist es das billigste Öl auf dem Markt.

Als Zusatz zu Biodiesel: 45 % des in Deutschland verbrauchten Palmöls wird im Energiesektor genutzt.

Duschgel, Shampoos, Kosmetik

Reinigungsmittel, Waschmittel, Spülmittel

Süßigkeiten

Salzige Snacks

Fertigprodukte

Pflanzenöl	Palmitoyl Oxo-
Pflanzenfett	stearamide
Palmkern	Palmitoyl Tetra-
Palmkernöl	peptide-3
Palmfruchtöl	Sodium Lauryl
Palmate	Sulfoacetate
Palmitate	Cetyl Palmitate
Palmolein	Cetearyl Alcohol
Glyceryl	Cetyl Alcohol
Stearate	Fettsäureglycerid
Stearinsäure	PEG-100 Stearate
Palmitinsäure	Polyglyceryl-
Palmstearin	2-Caprate
Stearic Acid	uvm...

Palmölbasierte Stoffe tarnen sich unter rund 200 Bezeichnungen

Pro-Kopf-Verbrauch von Palmöl in Deutschland

18,5

Kilogramm pro Jahr

Degradation der Böden

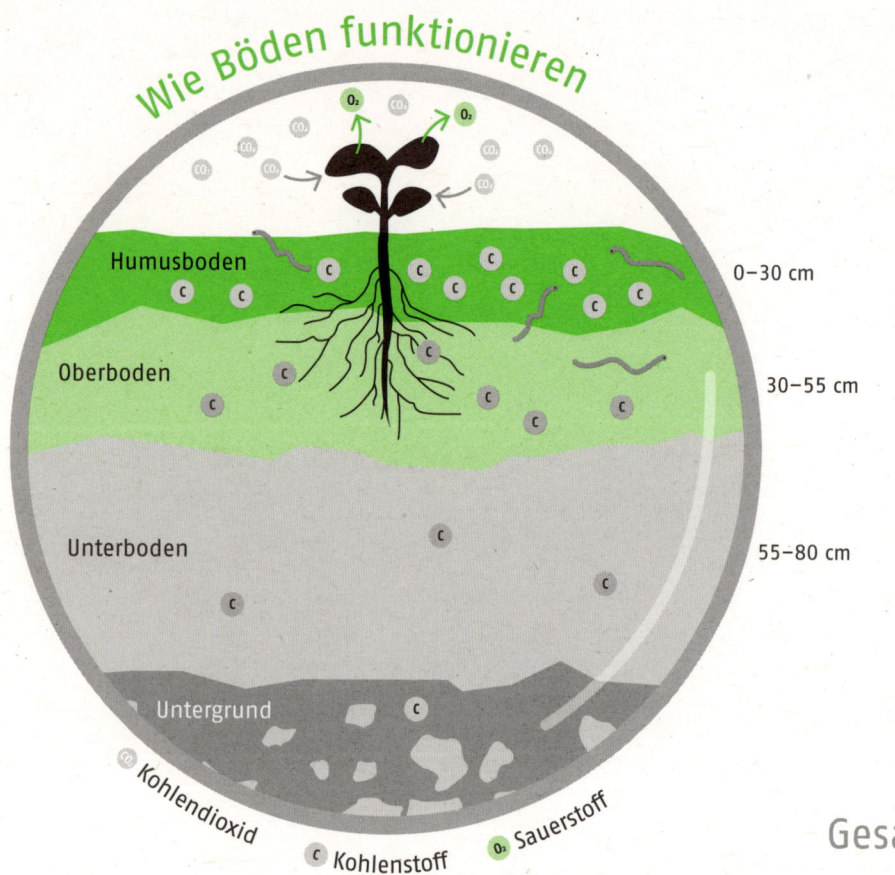

Wie Böden funktionieren

Humusboden — 0–30 cm

Oberboden — 30–55 cm

Unterboden — 55–80 cm

Untergrund

Kohlendioxid — Kohlenstoff — Sauerstoff

In der Humusschicht ist der größte Teil des organischen Kohlenstoffs gebunden. Dorthin gelangt er zum einen über die Wurzeln der Pflanzen, die ihn über die Blätter aufgenommen haben, zum anderen durch verrottende Blätter und andere organische Verwesungsprozesse. Mikroorganismen, Insekten und Regenwürmer spielen dabei eine wichtige Rolle, sie belüften die Erde und verteilen Nährstoffe.

Die Industrialisierung der Landwirtschaft ist weltweit für geschätzte 25–30 % der Treibhausgasemissionen verantwortlich. Der Drang nach höheren Erträgen mithilfe einer Vielzahl an Chemikalien degradiert weltweit die Böden und macht sie anfälliger für den Klimawandel und extreme Wetterereignisse. Ein Drittel aller Agrarflächen ist von Bodendegradation betroffen, das heißt, ihre Ökosystemfunktionen sind eingeschränkt, bis hin zum vollständigen Verlust.

Gesamtvorrat an organischem Kohlenstoff in Deutschlands Böden und Pflanzen

Boden   Vegetation

Landwirtschaft

Hauptursachen der Degradation

1 **Übermäßiger** Maschineneinsatz, Überweidung oder Anbau von Monokulturen können zur Zerstörung der Bodenstruktur beitragen.

2 **Überdüngung** mit Gülle schadet der Biodiversität und der Bodenstruktur. Das Düngen kann Erosion sowie Humusabbau bewirken.

3 **Wassererosion** nach Starkregen schadet unbedeckten, schwach strukturierten Ackerböden.

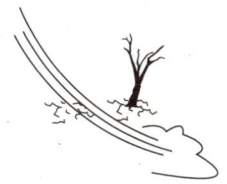

4 **Versteppung** und fehlende Bodenbedeckung machen die Erde anfälliger für Winderosion.

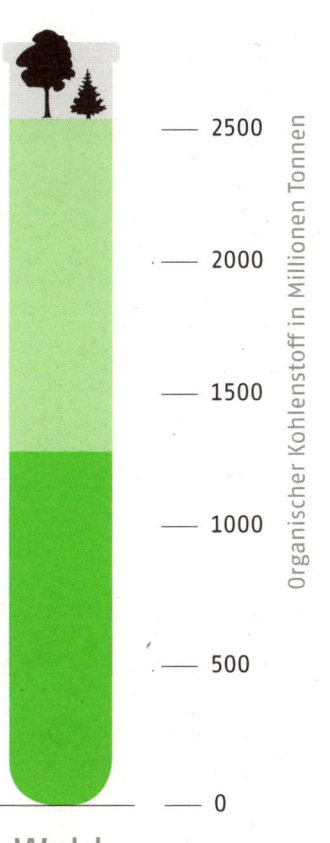

Organischer Kohlenstoff in Millionen Tonnen

- 2500
- 2000
- 1500
- 1000
- 500
- 0

Wald

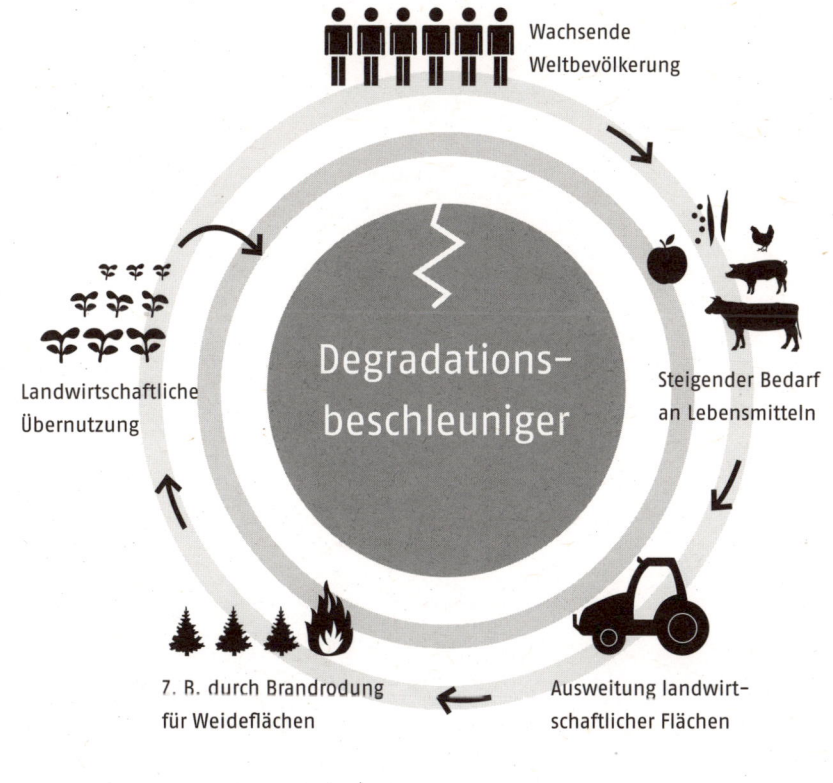

Wachsende Weltbevölkerung

Landwirtschaftliche Übernutzung

Degradations- beschleuniger

Steigender Bedarf an Lebensmitteln

7. B. durch Brandrodung für Weideflächen

Ausweitung landwirtschaftlicher Flächen

Quellen: Chemnitz & Weigelt (2015), Bazyli & Kryszak (2018), Flessa et al. (2018), Patzel & Wilhelm (2018)

»

Der Mensch treibt das Erdklima in zunehmend
unnachhaltige und bedrohliche Bereiche.
Letzten Endes werden diese Trends von einem
unnachgiebigen Wohlstandswachstum
verursacht, das seit Jahrzehnten die positiven
Auswirkungen allen technologischen
Fortschrittes zunichtemacht.
Jedes tatenlose Jahr führt zu
immer geringerem Handlungsspielraum,
zu Kapitulation und Leugnung.

«

Prof. Manfred Lenzen,
University of Sydney

Quellen: IPCC (2018), Malik et al. (2016), Norgaard (2006 + 2011)

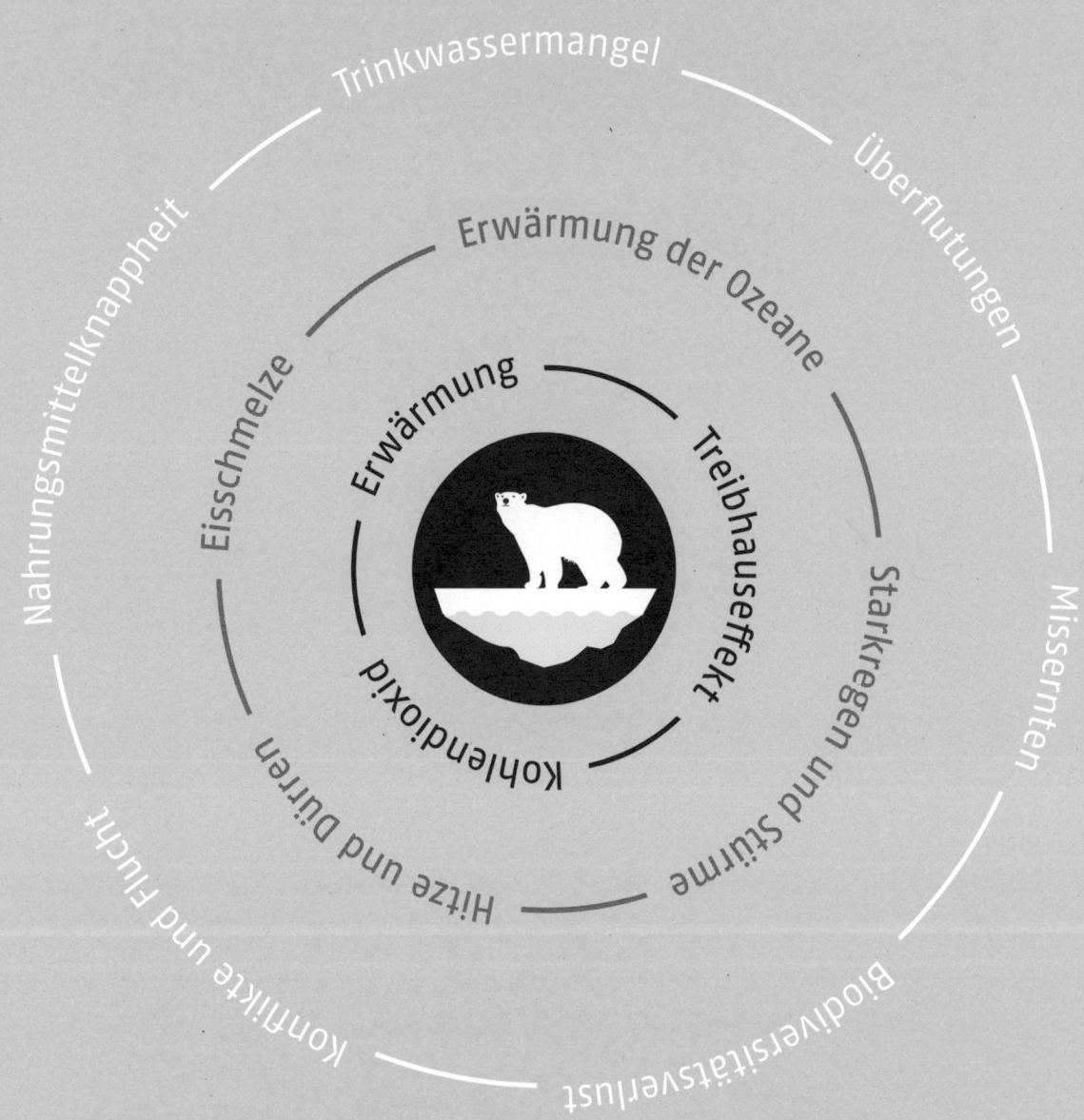

Auswirkungen → **Auslöser** → Direkte Folgen → Indirekte Folgen

Weltweite Auswirkungen

Dominoeffekt der Erwärmung

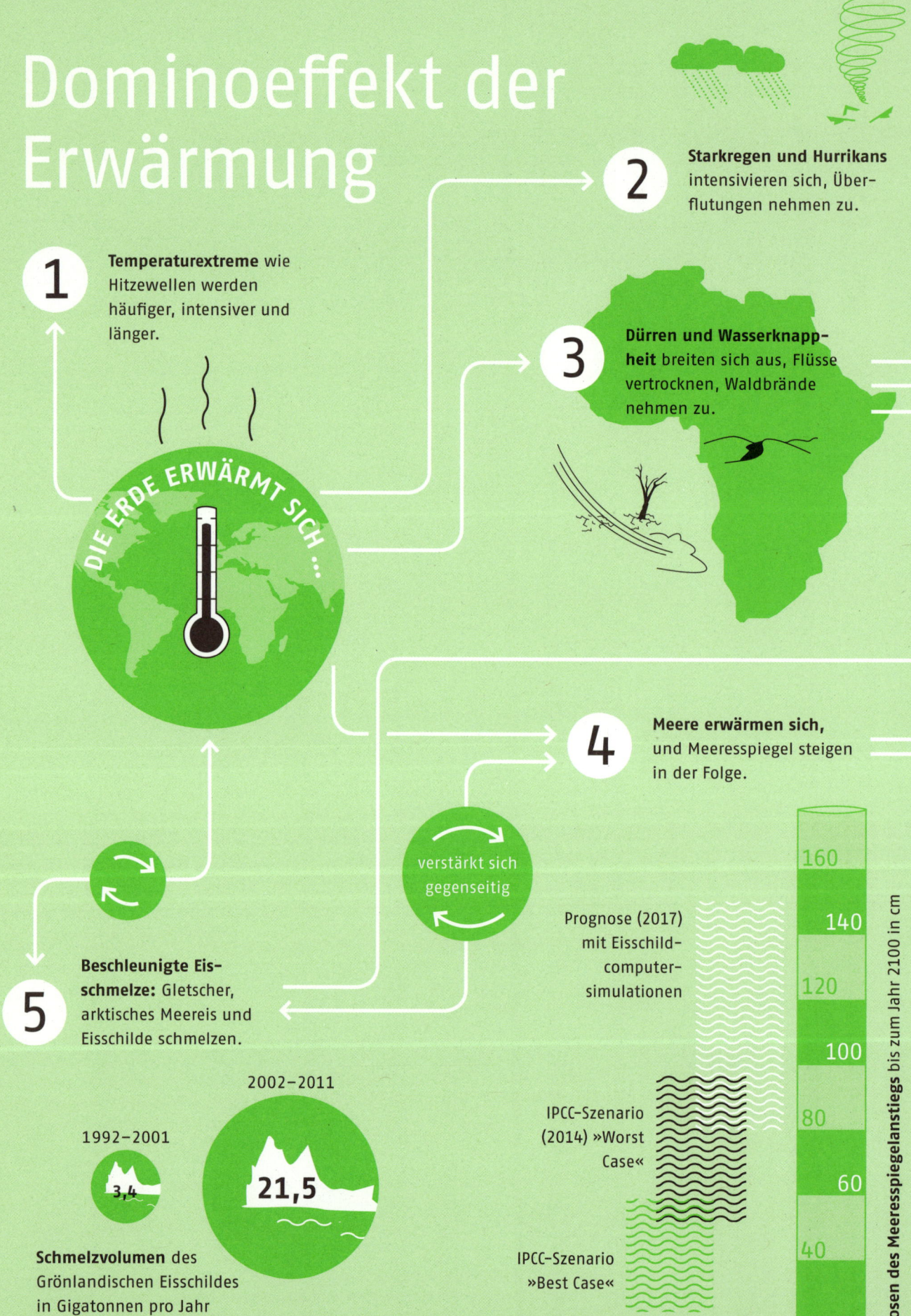

1 **Temperaturextreme** wie Hitzewellen werden häufiger, intensiver und länger.

2 **Starkregen und Hurrikans** intensivieren sich, Überflutungen nehmen zu.

3 **Dürren und Wasserknappheit** breiten sich aus, Flüsse vertrocknen, Waldbrände nehmen zu.

DIE ERDE ERWÄRMT SICH …

4 **Meere erwärmen sich,** und Meeresspiegel steigen in der Folge.

verstärkt sich gegenseitig

Prognose (2017) mit Eisschildcomputersimulationen

IPCC-Szenario (2014) »Worst Case«

IPCC-Szenario »Best Case«

5 **Beschleunigte Eisschmelze:** Gletscher, arktisches Meereis und Eisschilde schmelzen.

2002–2011

1992–2001

3,4

21,5

Schmelzvolumen des Grönlandischen Eisschildes in Gigatonnen pro Jahr

Prognosen des Meeresspiegelanstiegs bis zum Jahr 2100 in cm

160
140
120
100
80
60
40
0

68 Mio.
2018

45 Mio.
2008

52 Mio.
2013

Missernten nehmen zu:
Bauern verlieren ihre Lebensgrundlage. Die Folgen sind existenziell, auch für die von ihnen gehaltenen Tiere.

Die Zahl der flüchtenden Menschen steigt: 68,5 Millionen sind es aktuell (Stand: Okt. 2018), jeden Tag kommen rund 44.000 Menschen hinzu.

Rund 25 Millionen Menschen
in Ostafrika waren bereits 2018 vom Hungertod bedroht und brauchen Hilfe.

Die Hälfte der Weltbevölkerung lebt in Gebieten mit Wasserknappheit, im Jahr 2050 werden es bis zu 5,7 Mrd. sein. 68 % des Trinkwassers ist in Form von Gletschern auf der Erde gespeichert.

60 % Rückgang der Artenvielfalt wurden innerhalb der letzten 40 Jahre beobachtet, der Trend wird durch die Klimakrise verstärkt.

Ab 1 °C Temperaturanstieg
bleichen Korallenriffe aus und sterben ab, die Biodiversität nimmt in der Folge ab. 25 % aller Meereslebewesen sind von Korallenriffen abhängig.

70 % unserer Nahrung hängt direkt von der Bestäubung durch Bienen und andere Insekten ab, daher hat das rapide Insektensterben drastische Auswirkung auf unsere Nahrungsmittelproduktion.

Rund 153 Millionen Menschen
sind in Zukunft vom Meeresspiegelanstieg bedroht, da sie in überschwemmungsgefährdeten Küstengebieten leben.

Für mehr als 1 Milliarde Menschen weltweit ist Fisch die primäre Nahrungsquelle.

Deiche und Dammanlagen
müssen mit großem finanziellen Aufwand weltweit verbessert und vergrößert werden, nicht alle Staaten können sich das leisten.

Die anthropogenen Veränderungen des Klimasystems können zur existenziellen Gefährdung für den Menschen werden.

Quellen: ICA (2012), IPBES (2018), IPCC (2014), Kopp et al. (2017), UN (2018), UNHCR (2018), Watts et al. (2011)

Extreme Hitzewellen werden häufiger

55.700

zusätzliche Todesopfer während der Hitzewelle 2010 in Russland.

70.000

zusätzliche Todesopfer in der Hitzewelle 2003 in Europa.

2000 %

mehr Hitzetote wird es bei gleichbleibenden Emissionen und ohne Anpassung im Zeitraum 2030–2080 vorausichtlich in Kolumbien geben.

Tropische und subtropische Regionen werden in Zukunft besonders stark von Hitzewellen betroffen sein.

Folgen für die Menschen

Dehydrierung – führt zu Kopfschmerzen, Konzentrationsmangel und Schwindel.

Viel trinken und ausruhen

Hitzschlag – medizinischer Notfall mit Körpertemperatur über 40 °C, Krämpfen, Erbrechen und Kreislaufversagen.

Notarzt rufen!

Hitzetod tritt ein, wenn die Körpertemperatur über längere Zeit 42 °C übersteigt und der Körper es nicht mehr schafft, sie zu regulieren.

Quellen: Guo et al. (2018), Robine et al (2008), Mora et al. (2017), NOAA (2019), WMO (2018)

Weltweite Temperaturanomalien

für Land + Ozeane, ganzjährig

1,0
0,8
0,6
0,4
0,2
-0,0
-0,2
-0,4
1880
1900
1920
1940
1960
1980
2000
2018

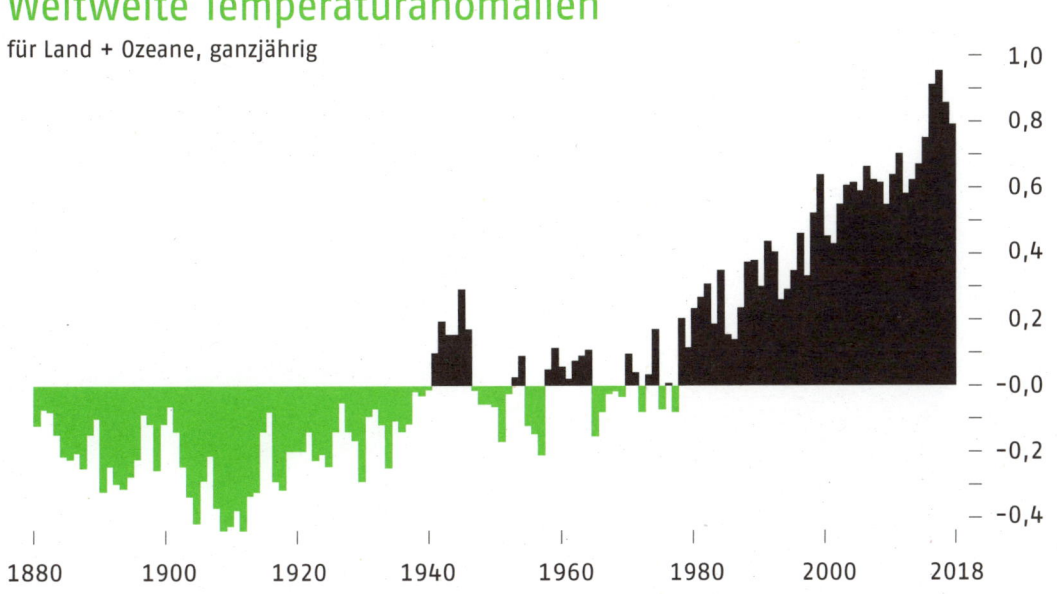

Seit 1980 werden die Jahre tendenziell immer wärmer. Die Temperaturanomalien, die wir heute sehen, verstärken die Hitzewellen in einigen Regionen schon gewaltig: Bis zu 5-mal häufiger treten sie in Europa auf.

Rekordtemperaturen im Sommer 2018

In Sibirien war es 20 °C wärmer als im Durchschnitt, der Permafrost taute großflächig.

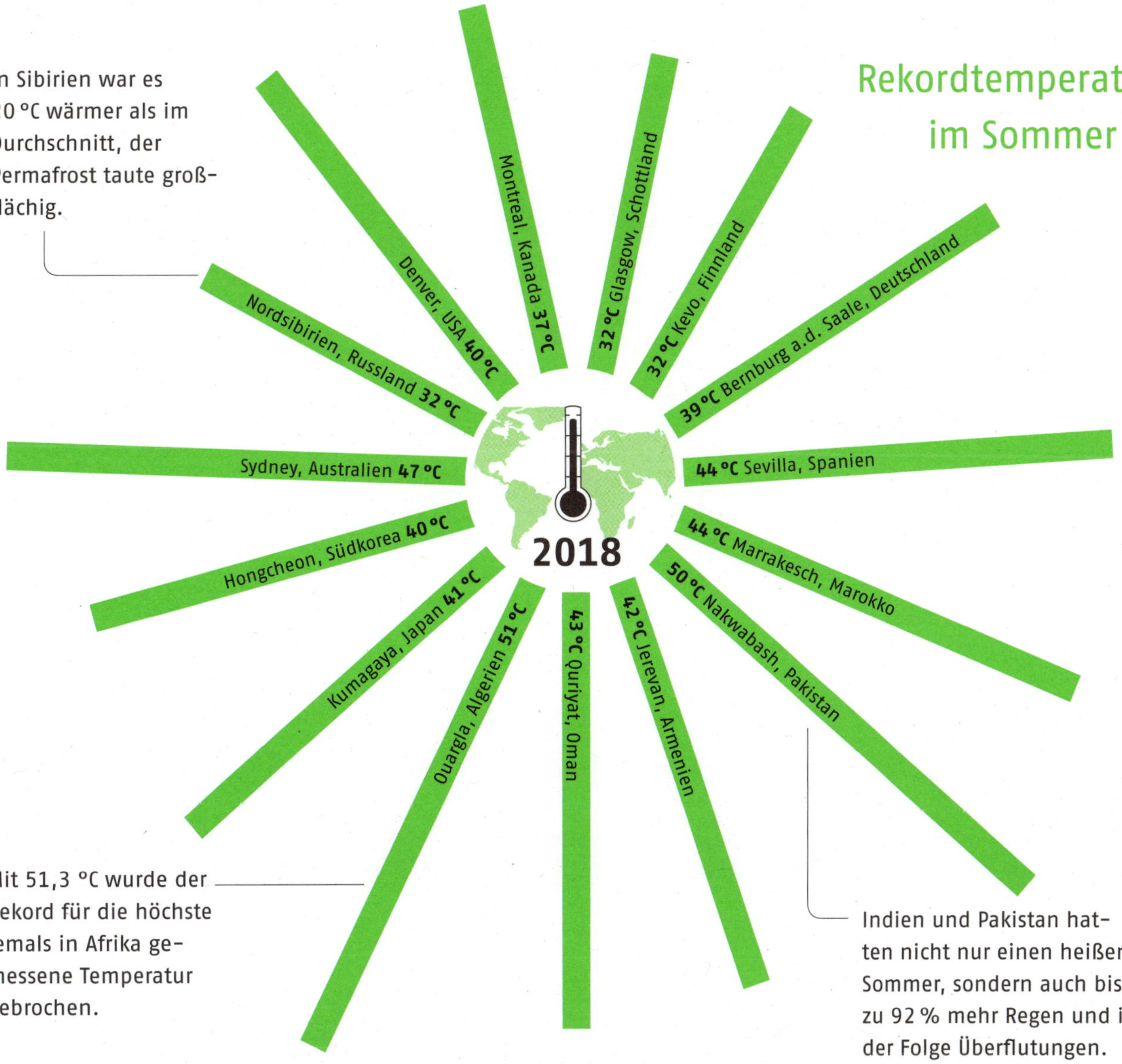

Montreal, Kanada **37 °C**
32 °C Glasgow, Schottland
32 °C Kevo, Finnland
39 °C Bernburg a.d. Saale, Deutschland
44 °C Sevilla, Spanien
44 °C Marrakesch, Marokko
50 °C Nakwabash, Pakistan
42 °C Jerevan, Armenien
43 °C Quriyat, Oman
Ouargla, Algerien **51 °C**
Kumagaya, Japan **41 °C**
Hongcheon, Südkorea **40 °C**
Sydney, Australien **47 °C**
Nordsibirien, Russland **32 °C**
Denver, USA **40 °C**
2018

Mit 51,3 °C wurde der Rekord für die höchste jemals in Afrika gemessene Temperatur gebrochen.

Indien und Pakistan hatten nicht nur einen heißen Sommer, sondern auch bis zu 92 % mehr Regen und in der Folge Überflutungen.

Das Meereis in der Arktis schwindet

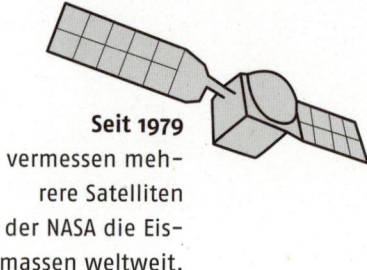

Seit 1979 vermessen mehrere Satelliten der NASA die Eismassen weltweit.

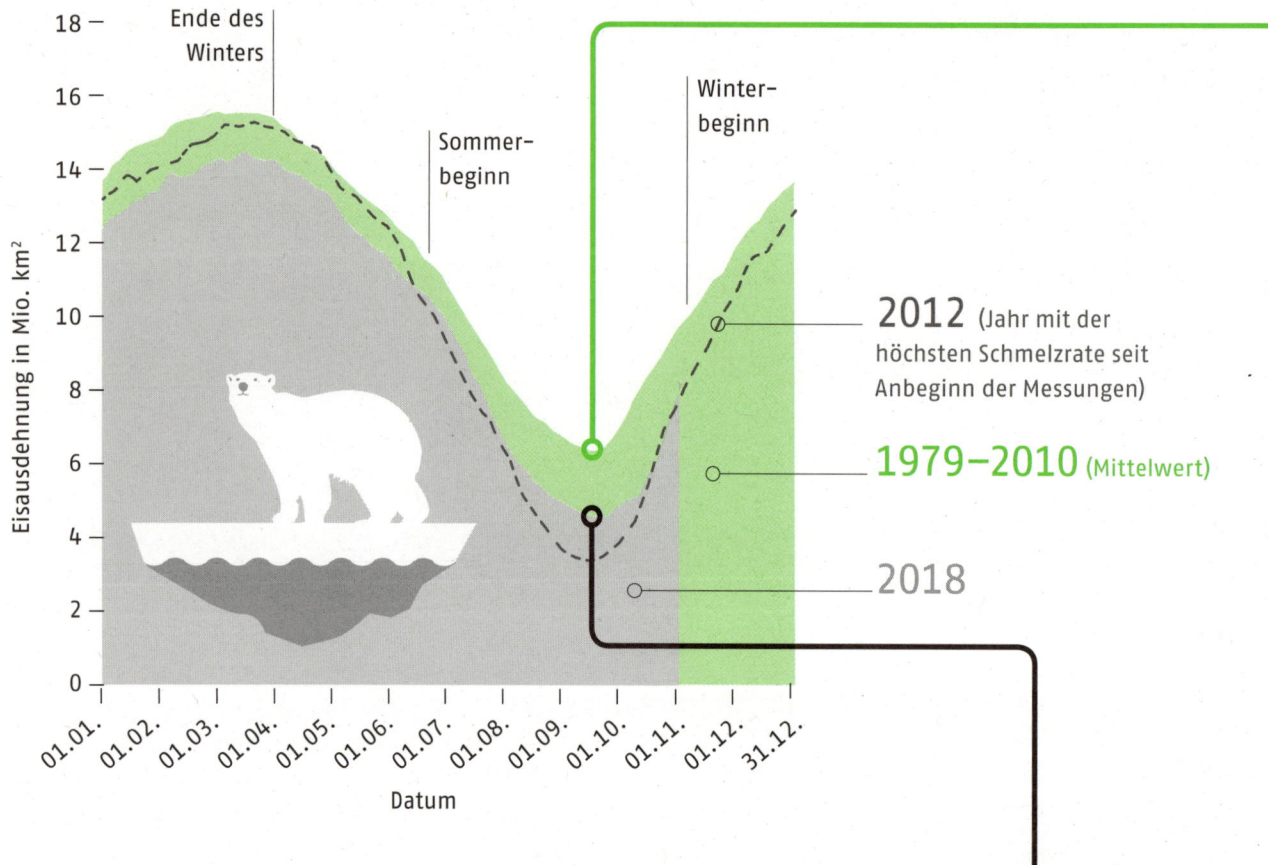

Eisausdehnung in Mio. km²

Ende des Winters

Sommerbeginn

Winterbeginn

2012 (Jahr mit der höchsten Schmelzrate seit Anbeginn der Messungen)

1979–2010 (Mittelwert)

2018

Datum

Die Ausdehnung des Meereises wird anhand von Satellitenmessungen seit den 1970er-Jahren sehr genau erfasst. Mit steigenden Lufttemperaturen schmilzt das Meereis im Sommer tendenziell stärker ab, seit dem Jahr 2000 kann man einen Trend hin zu einer beschleunigten Abschmelze erkennen.

Die Albedo, also das Reflexionsvermögen der Wasseroberfläche in der Arktis, wird durch den Schmelzprozess herabgesetzt, da Meerwasser dunkler ist und Wärme absorbiert, im Gegensatz zu den hellen, reflektierenden Eisflächen. Das Meerwasser erwärmt sich also umso leichter, je weniger Meereis vorhanden ist.

Außerdem vermuten Wissenschaftler, dass die immer kleiner werdende Menge des arktischen Meereises im Sommer möglicherweise direkt für Hitzewellen in Europa verantwortlich ist und in der Zukunft das Potenzial hat, das Klima in Europa schneller als im globalen Durchschnitt zu erwärmen. Das Jahr 2018 lag bereits 2 °C über der historischen Durchschnittstemperatur in Europa.

Meereisausdehnung
Sept. 1979–2010

6400 Mio. km²

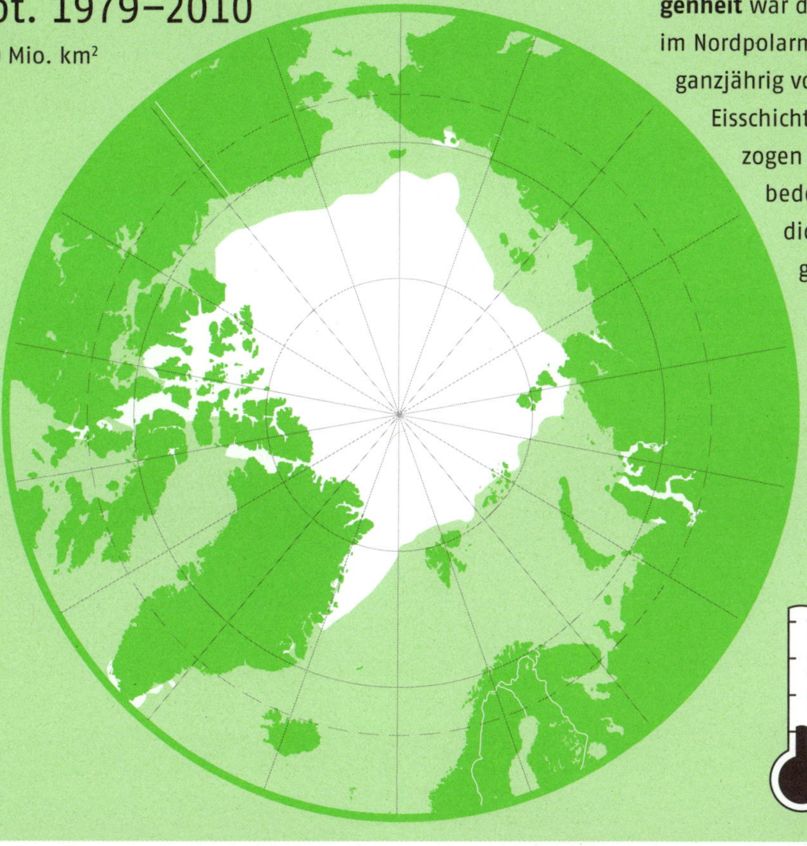

In der nahen Vergangenheit war die Fläche im Nordpolarmeer, die ganzjährig von einer Eisschicht überzogen ist, noch bedeutend dicker und größer als heute.

Bei niedrigeren Lufttemperaturen schmilzt weniger Meereis, es bleibt stabiler und kann im Winter ausreichend Eis nachbilden. Auch die Entstehung von Wasserdampf bleibt im Gleichgewicht.

+3 °C
+2 °C
+1 °C
0 °C

Meereisausdehnung
Sept. 2018

4600 Mio. km²

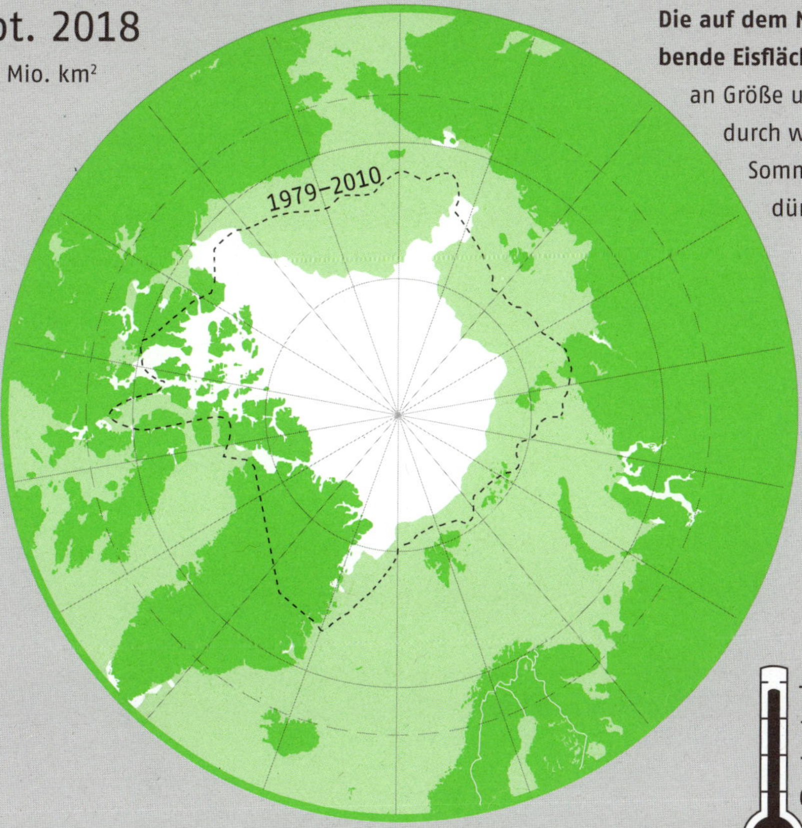

1979–2010

Die auf dem Meer treibende Eisfläche verliert an Größe und wird durch wärmere Sommer immer dünner.

Durch die Erwärmung der Meeresoberfläche verdunstet mehr Wasser, was für einige Regionen ein feuchteres Klima mit häufigeren Extremwetterereignissen und Starkregen bedeuten kann.

+3 °C
+2 °C
+1 °C
0 °C

Quellen: NSIDC (2018), Serrezze et al. (2016), USGCRP (2017)

Die Eisschilde tauen

Grönland

Grönland ist zu großen Teilen von Eis bedeckt. Rund 1,7 Millionen Quadratkilometer sind permanent gefroren, im Durchschnitt ist die Schicht etwa 1600 Meter dick. In den vergangenen Jahren hat der Grönländische Eispanzer deutlich an Masse verloren. Forscher prognostizieren, dass die Gletscherschmelze im Zuge der globalen Erwärmung weiter zunehmen könnte. Sollte die Temperatur in Grönland um 1,5 bis 2 °C im Vergleich zur vorindustriellen Zeit ansteigen, könnte der Eisschild komplett abschmelzen.

Der Grönländische Eisschild gilt als Kippelement im Klimasystem. Ein rapides Abschmelzen der Eismassen würde dazu führen, dass sich der Meeresspiegel schneller erhöht als bislang angenommen. Würden sich die 2,85 Millionen Kubikkilometer Eis vollständig verflüssigen, stiege der Meeresspiegel um bis zu sieben Meter.

Schon heute zeigt sich, wie unberechenbar der Tauprozess ist. Im Jahr 2012 schmolzen innerhalb weniger Tage einige Zentimeter der Eisschicht an nahezu der gesamten Oberfläche des Eisschildes. Bis der gesamte Eispanzer geschmolzen wäre, könnte es laut Schätzungen zwischen 300 Jahren bis zu Jahrtausenden dauern. Schon deutlich früher könnte jedoch der Punkt erreicht werden, an dem der Prozess nicht mehr aufzuhalten ist.

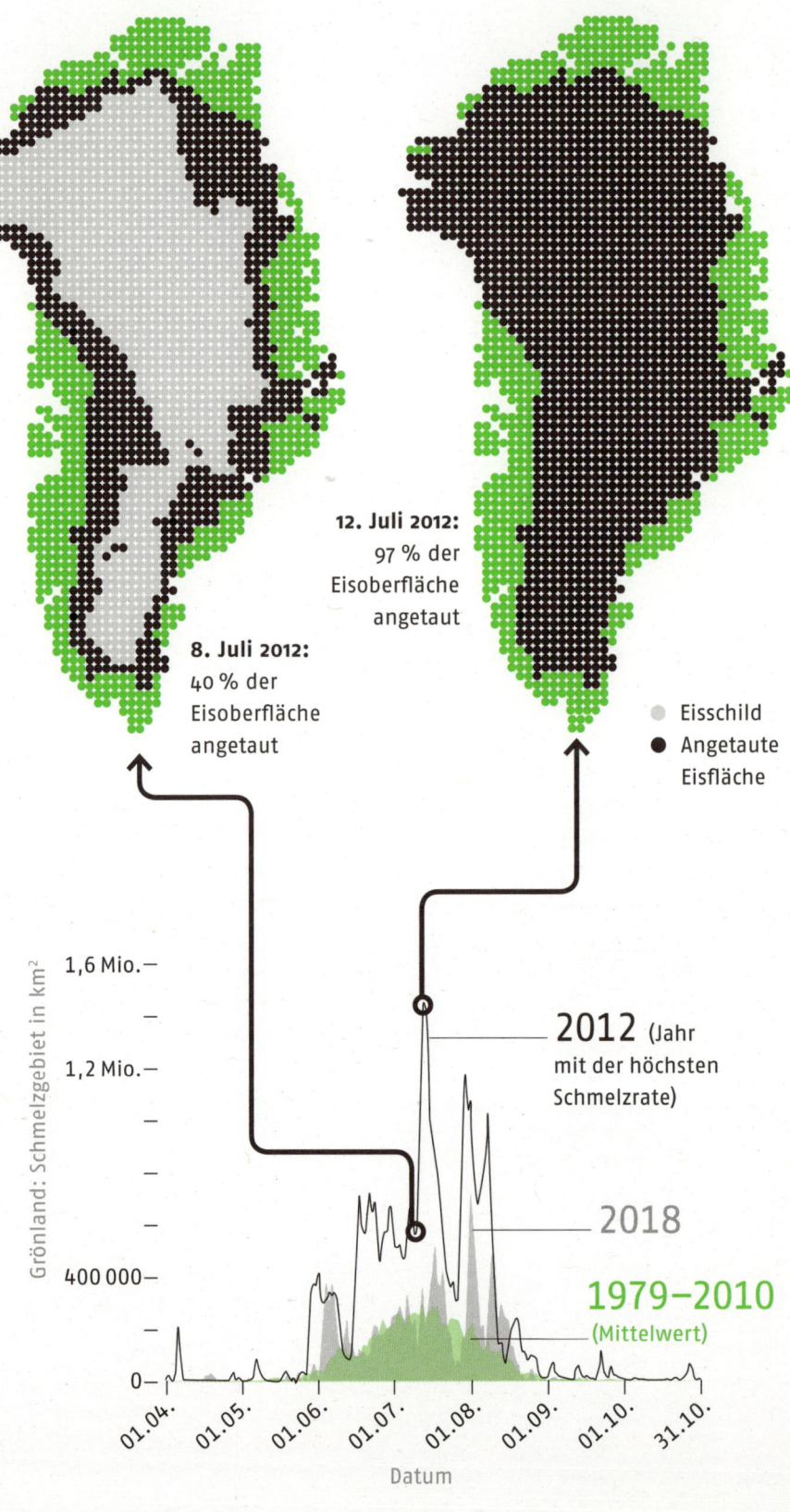

8. Juli 2012:
40 % der Eisoberfläche angetaut

12. Juli 2012:
97 % der Eisoberfläche angetaut

Eisschild
Angetaute Eisfläche

Grönland: Schmelzgebiet in km²

1,6 Mio. —

1,2 Mio. —

400 000 —

0 —

2012 (Jahr mit der höchsten Schmelzrate)

2018

1979–2010 (Mittelwert)

01.04. 01.05. 01.06. 01.07. 01.08. 01.09. 01.10. 31.10.

Datum

Schelfeisdynamik

Antarktis

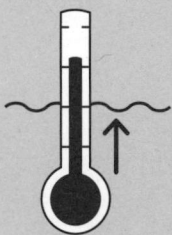

Steigende Wasser-temperaturen der Meere sind für die Antarktis kritisch. Auch die Antarktis stellt ein Kippelement für das weltweite Klima dar.

Wärmere Wassertemperaturen sorgen für Instabilität und Rückzug der Erdungslinie des Gletschers. Verstärkt wird der Effekt durch abwärtsgerichtetes Grundgestein.

Eisschelf

Eisverlust

Erdungslinie

Warmes Tiefenwasser

Grundgestein, abwärtsgerichtet

Larsen-C-Eisschelf, von dem im Jahr 2017 ein 5800 km² großer Eisberg abgebrochen ist – mit 20-mal so viel Wasser wie der Bodensee.

Pine-Island-Gletscher-Region mit abwärts-gerichtetem Grund-gestein.

1,5 m

Meerespiegelanstieg könnte es in vereinzelten Regionen bis zum Jahr 2100 im Extremfall geben.

219
Milliarden Tonnen
Eis schmelzen pro Jahr.

Vor 2012 lag die Schmelzrate des Eisschilds bei nur 76 Milliarden Tonnen im Jahr, in den letzten sechs Jahren hat sie sich allerdings verdreifacht. Seit 1992 hat das Abschmelzen 7,6 mm Meeres-spiegelanstieg zur Folge: 0,6 mm jährlich.

40 %

der antarktischen Eismassen liegen auf Grundgestein, das sich unterhalb der Wasserlinie be-findet. Damit sind sie stark vom Anstieg der Wassertemperatur betroffen.

- Antarktischer Eisschild
- Schelfeis
- Grundgestein unterhalb der Wasserlinie

Quellen: Fretwell et al. (2013), Kopp et al. (2017), NSIDC (2018), Rignot et al (2013), Robinson et al. (2012), Shepherd et al. (2018)

Himalajagletscher schmelzen

1

Die globale Erwärmung ist in der Höhe stärker ausgeprägt als am Boden. Die Jahresmitteltemperatur in der Himalajaregion ist bereits um 1,5 °C angestiegen.

+3 °C
+2 °C
+1 °C
0 °C

2

In den meisten Teilen des Himalajagebirges fällt weniger Neuschnee. Zugleich lagert sich auf den oberen Eisschichten zunehmend Ruß ab, da die Region immer stärker industrialisiert wird.

Die Gletscher in der Everestgegend verlieren an Masse: geschätzte 83 % bis zum Jahr 2100.

Mount Everest

−83 % ———— 2100

−39 % ———— 2050

3

Durch den Ruß sinkt das Reflexionsvermögen (Albedo) des Gletschers. Die Oberflächentemperatur des Eises steigt, der Gletscher schmilzt noch schneller.

4

Die 10 größten Flüsse Asiens würden ohne Gletscheranteil je nach Region um ca. 20–80 % schrumpfen.

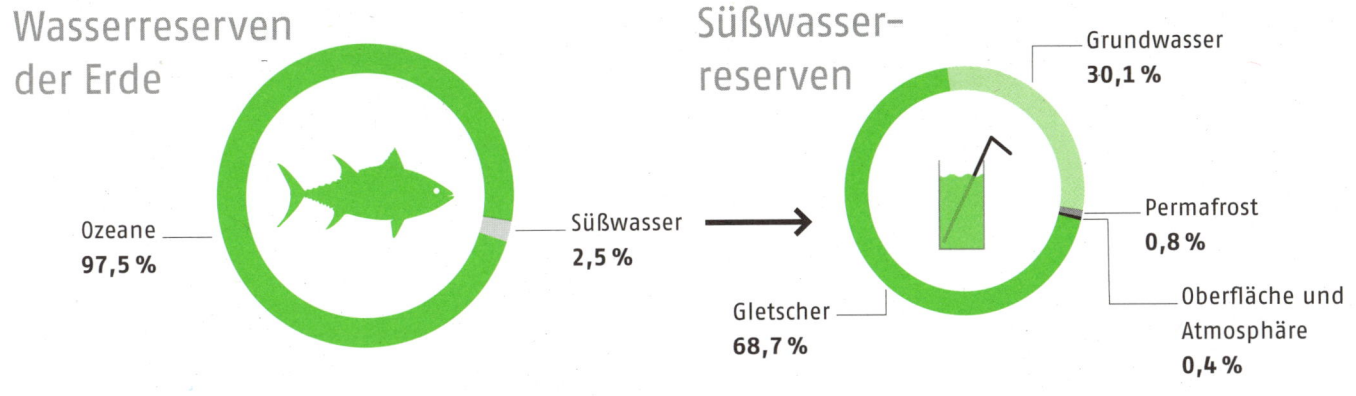

Wasserreserven der Erde

Ozeane
97,5 %

Süßwasser
2,5 %

Süßwasserreserven

Grundwasser
30,1 %

Permafrost
0,8 %

Oberfläche und Atmosphäre
0,4 %

Gletscher
68,7 %

3 Milliarden

Menschen, rund 40 %
der Weltbevölkerung,*
hängen von den Gletschern und Flüssen des
Himalajas als Nahrungslieferant ab.

*7,63 Mrd. Menschen im Jahr 2018

Der Wasservorrat der Erde besteht zum
größten Teil aus salzhaltigem Meerwasser
und nur zu einem sehr geringen Teil aus
Süßwasser. Rund zwei Drittel des Süßwassers ist in Gletschern gespeichert und
ein Drittel im Grundwasser. Das Himalajagletschergebiet ist mit seiner Ausdehnung
von 2400 km das größte Inlandgletschergebiet der Welt außerhalb der Pole und
ein wichtiges Süßwasserreservoir. Schmilzt
es ab, verschwindet dieser Vorrat. Wasserkriege und Konflikte zeigen, dass
Süßwasser eine wichtige, wenn nicht die
wichtigste Ressource der Menschheit ist.
Schon im Jahr 2040 wird es in 33 Ländern
eine extreme Trinkwasserknappheit geben
(siehe S. 86/87).

Eine weitere Auswirkung der Klimakrise in der Himalajaregion ist veränderter
Monsunregenfall: In der Monsunsaison
kommt es dort inzwischen vermehrt zu
Überflutungen und Erdrutschen, in der
Trockensaison zu Wasserknappheit.

1,9 Milliarden

Menschen, die im
Flusseinzugsgebiet
des Himalajagebirges
leben, profitieren von
seinen Ressourcen wie
Wasser.

Quellen: Eriksson (2009), ICA (2012), ICCI (2018), Wester et al. (2019)

Permafrostböden werden zur Zeitbombe

Permafrostböden sind ein Teil der Kryosphäre, die alle Eisflächen weltweit umfasst und ein wichtiger Teil des Klimasystems ist, da sie die Atmosphären- und Ozeanzirkulation beeinflusst. Knapp ein Viertel der Landmassen weltweit sind Permafrostböden, in einigen Regionen reichen sie bis zu 1600 Meter ins Erdinnere und sind auch am Meeresgrund aufzufinden.

Im Sommer taut inzwischen in einigen Regionen der Boden an der Oberfläche auf. Über dem Eispanzer bildet sich eine sogenannte aktive Schicht, die etwa einen halben bis anderhalb Meter dick ist. In den vergangenen Jahren ist die aktive Schicht immer weiter gewachsen: Messungen in Sibirien haben ergeben, dass der Permafrostboden an einigen Stellen 20 Zentimeter tiefer taut als noch vor 50 Jahren.

Der Permafrostboden, getrieben von der globalen Erwärmung, könnte bald auch in größeren Tiefen zunehmend tauen. Das hätte gravierende Folgen vor Ort: Der Grundwasserpegel würde sinken, Seen verschwinden, der Boden einbrechen. Große Teile der Landschaft könnten versumpfen. Die sibirischen Ureinwohner müssten ihre nomadische Lebensweise aufgeben.

Das Tauen des Dauerfrostbodens wird sich in den folgenden 40-60 Jahren voraussichtlich beschleunigen, mit globalen Auswirkungen.

Methan (CH_4) ist ein potentes Treibhausgas, das 30-mal so stark wirkt wie CO_2. Wenn Permafrostböden tauen, werden CH_4 und CO_2 bei der Zersetzung von Tier- und Pflanzenresten durch Mikroorganismen gebildet. Methan entsteht dabei nur, wenn kein Sauerstoff vorhanden ist, die wassergesättigten Permafrostböden sind ideal dafür.

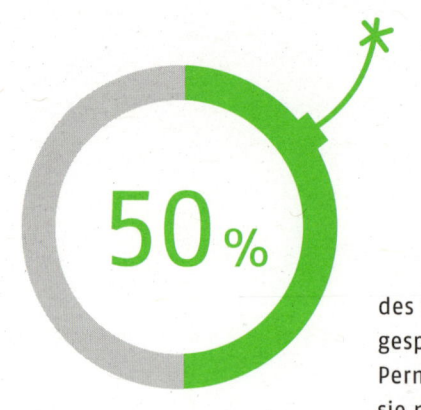

50 % des weltweit in Böden gespeicherten CO_2 lagert in Permafrostböden, obwohl sie nur ein Viertel der Landfläche der Erde ausmachen.

Der Permafrost taut und ...

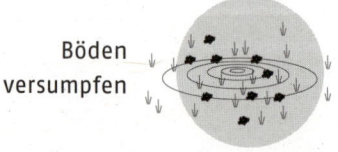
Böden versumpfen

Wälder kippen

Rohrleitungen brechen

Methan entweicht

Häuser werden instabil

Straßen werden unpassierbar

Zugtrassen reißen auf

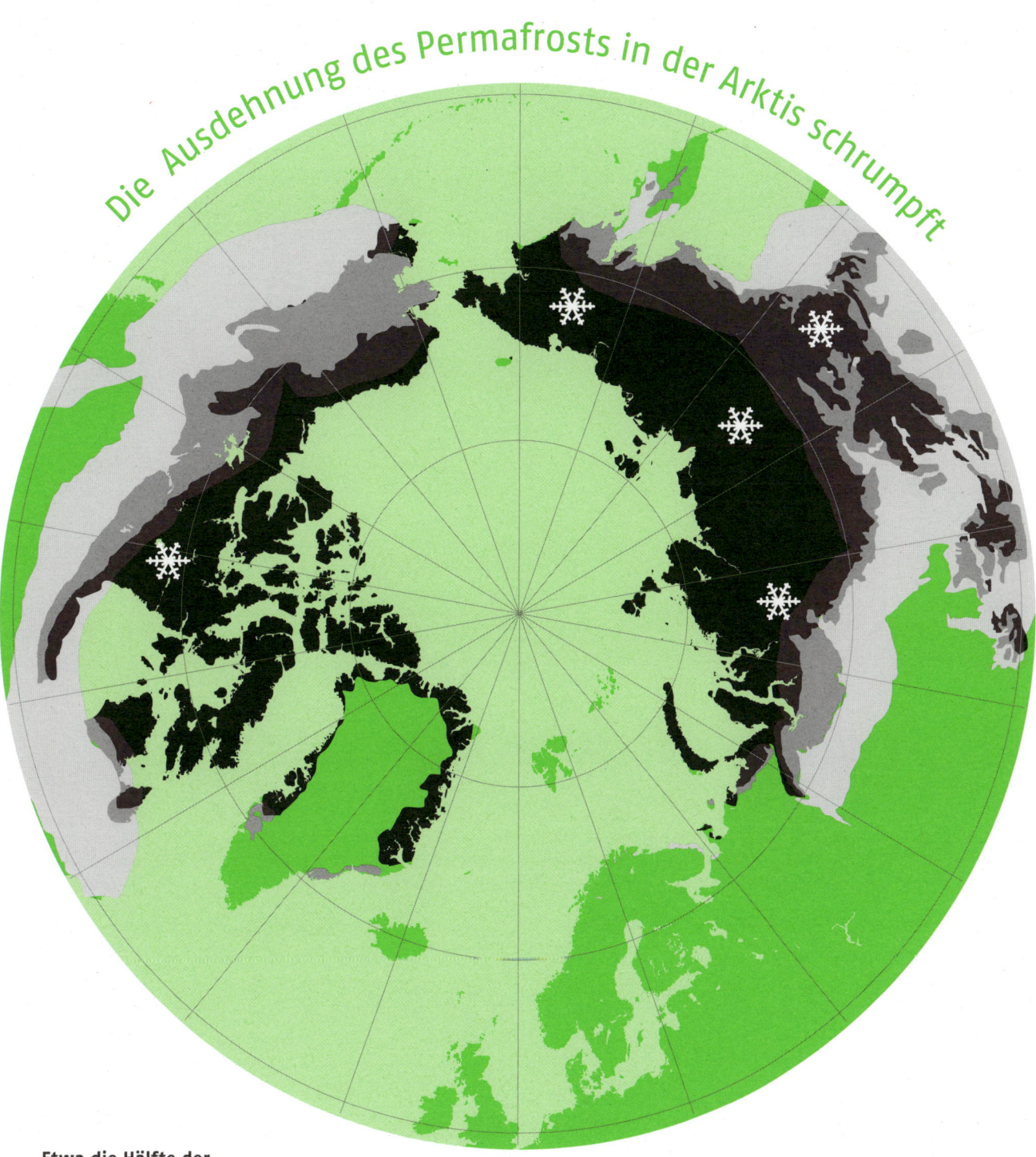

Die Ausdehnung des Permafrosts in der Arktis schrumpft

Etwa die Hälfte der Permafrostböden in der Arktis sind ganzjährig vollständig gefroren. Der Rest taut im Sommer mittlerweile ca. 1,5 m tief an.

Permafrostausdehnung

■ vollständig gefroren (91–100 %)

■ gefroren mit Unterbrechungen (50–90 %)

■ sporadisch gefroren (10–50 %)

Quellen: Jeong et al. (2017), Jones et al. (2009), Knoblauch et al. (2018), Parazoo (2017)

Das Leben im Ozean verändert sich

1 Die Umwälzpumpe verlangsamt sich

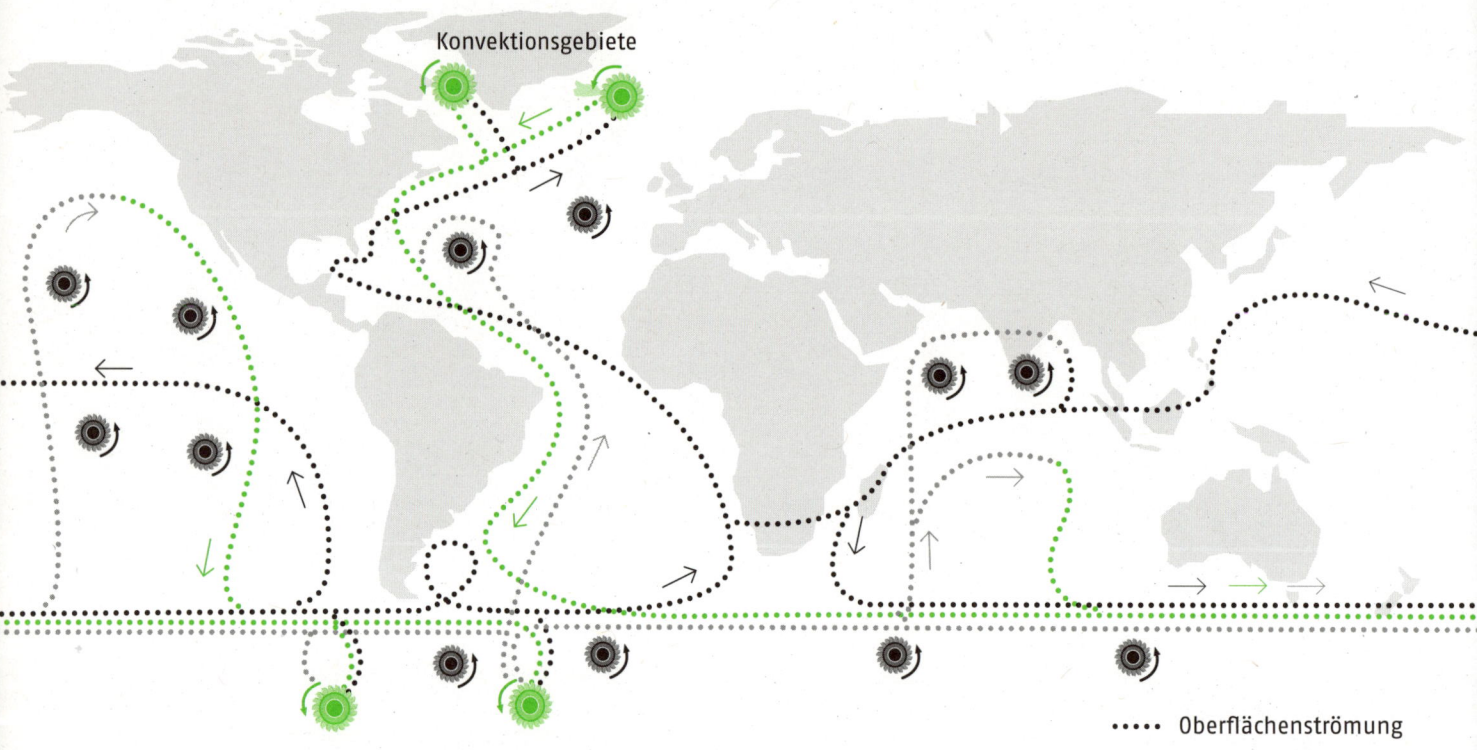

Konvektionsgebiete

Legende:
- ...... Oberflächenströmung
- ...... Tiefenströmung
- ...... Bodenströmung
- → Strömungsrichtung
- Absinkbewegung
- Auftriebsbewegung

Thermohaline Zirkulation, auch »das Förderband« genannt, ist ein komplexes Netz aus Oberflächen-, Tiefen- und Bodenströmungen, angetrieben durch Temperatur- und Salzgehaltsunterschiede sowie Winde. Die thermohaline Zirkulation treibt beispielsweise den Golfstrom an, wenn er als Nordatlantikstrom Richtung Island fließt. Das Wasser in den oberen Schichten kühlt sich ab, je näher es an die Pole gelangt. Da kaltes Wasser eine höhere Dichte hat, sinkt es nach unten. In Äquatornähe werden die Wassermassen wieder aufgeheizt. Durch die menschengemachte Klimakrise werden die Meere in Polnähe wärmer, sodass sich die Umwälzbewegung verlangsamt.

25 %

weniger Umwälzbewegung bis 2100

2 Korallenbleiche führt zu Biodiversitätsverlust

25 %
der Lebewesen im Ozean hängen direkt von den Korallenriffen ab

Die Koralle geht eine lebensnotwendige Symbiose mit bestimmten Algen, den Zooxanthellen, ein. Sie wird von den Algen ernährt und erhält ihre Farbgebung von ihnen.

Ab 1 °C höherer Temperatur als das sommerliche Maximum gerät die Alge in einen Schockzustand und produziert Gift statt Zucker. Die Koralle stößt dadurch ihren Partner ab und verliert damit ihre Farbe.

Als Folge verhungert die Koralle. Nach dem Tod setzt ein schädlicher Algen- und Schwammbewuchs ein, der eine Rückkehr der Zooxanthellen fast unmöglich macht.

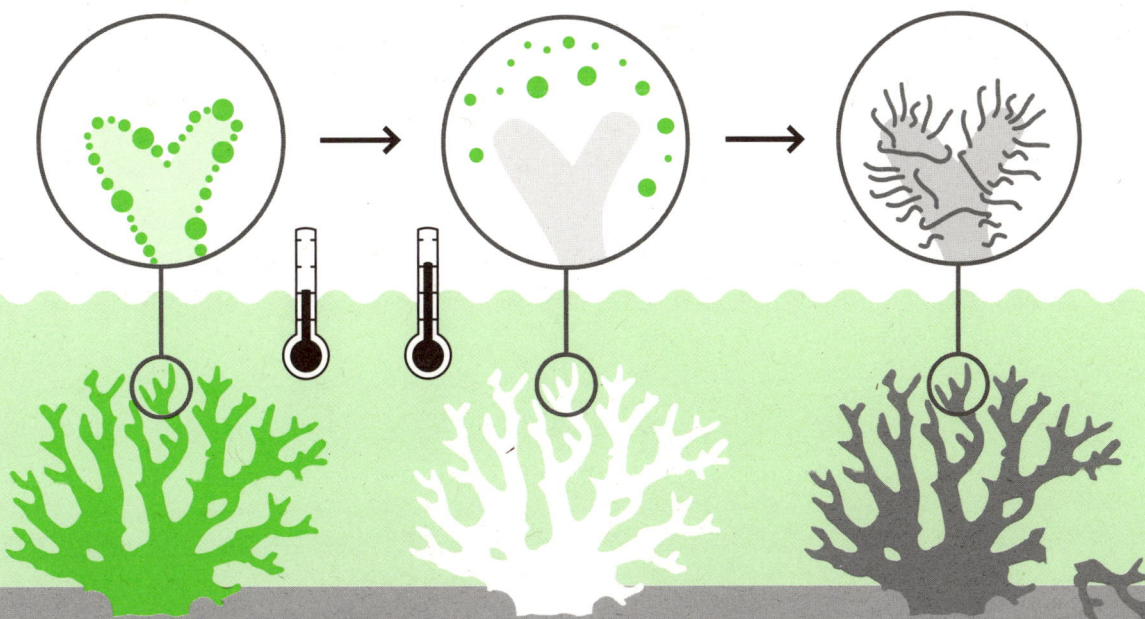

gesund ausgebleicht gestorben

Quellen: ARC (2016), IPCC (2014), Maribus (2010), Rahmstorf (2015), XL Catlin (2016)

Die Klimakrise verschärft Konflikte und Flucht

3 Arten von Bevölkerungsbewegungen

national

Opfer von Vertreibung
z. B. durch bewaffnete Konflikte, Menschenrechtsverletzungen

inter-national

Zwangsumsiedlung
z. B. durch Klimaveränderungen

Geplante Umsiedlung
(meist national)

Kategorien des UNHCR

Karibik: Migration nach starken Erdbeben und Wirbelstürmen und damit einhergehender Verwüstung/Zerstörung der Infrastruktur, besonders in Haiti.

Weltweit sind jedes Jahr geschätzte 25 Millionen Menschen auf der Flucht vor den Folgen von Naturkatastrophen: Dürren, Überflutungen und schweren Stürmen. Die Wahrscheinlichkeit, durch extreme klimatische Ereignisse heimatlos zu werden, ist heute doppelt so hoch wie noch in den 1970er-Jahren. Die Gründe für Flucht sind vielfältig und oft eine komplexe Verkettung von Ursachen. Klimatische Bedingungen wie Dürren und daraus resultierender Ressourcenmangel können Auslöser für gewaltsame Konflikte sein oder solche verstärken. Die Auswirkungen der menschengemachten Klimakrise führen oft dazu, dass Menschen, die ihre Heimat bereits verlassen haben, ein zweites Mal umsiedeln müssen, wie momentan in Bangladesch. Zudem machen klimatische Bedingungen eine Rückkehr in die Heimat oft unmöglich: Der steigende Meeresspiegel, gekoppelt mit tropischen Stürmen etwa, droht einige der niedrig liegenden Südpazifischen Inseln komplett zu überfluten.

In der Zukunft wird sich die Zahl der flüchtenden Menschen laut UN-Flüchtlingsorganisation (UNHCR) durch Klimarisiken weiter erhöhen. Seit 2015 haben 109 Staaten ihr Unterstützung für die »Nansen-Initiative« erklärt, um Klimaflüchtlingen weltweit zu helfen. Dennoch gibt es per Definition offiziell noch nicht den Status »Klimaflüchtling«.

Regionen betroffen von  Wirbelstürmen ▨ weniger Regen/ Risiko der Versteppung ▨ Überschwemmungen: Deltas und Inseln ⌐ Trinkwasser-mangel

 gewaltsame Konflikte  Flucht vor gewaltsa-men Konflikten 🌊 Klima- und Umweltmigration ⬭ Klimakrisenhotspots

Afghanistan und Syrien: Flucht durch gewaltsame Kon-flikte und Migration durch Dürre.

China
Doppelte Migration: vom Land in die Großstädte durch Hitze und Dürren und von den Küsten-städten weg aufgrund von Naturkatastrophen wie Überflutungen.

Südsudan:
Flucht durch gewaltsame Konflikte und Dürre

Sahelzone:
Flucht durch gewaltsame Konflikte sowie Migration durch jahrelange Dürren

Horn von Afrika:
Die Klimakrise verschärft die so-zialen Krisen u. a. durch Trinkwas-sermangel und Ernteausfälle.

Bangladesch:
Flucht der »Rohingya« aus Myanmar durch politische Ver-folgung. Danach folgte eine zweite Umsiedelung wegen Über-flutungen und Erdrutschen.

Nansen-Schutzagenda
Im Jahr 2011 wurde in Norwegen die erste internationale Konfe-renz ins Leben gerufen, um die sogenannten Nansen-Grundsätze zu entwickeln – Strategien und Empfehlungen, um mit zukünf-tiger klimabedingter Vertreibung umzugehen. Die Konferenz wur-de im Gedenken an den ersten Hochkommissar für Flüchtlinge und Polarforscher Fridtjof Nan-sen abgehalten.

Quellen: IRIN (2017), IOM (2018), Kelley et al. (2015), OCHA (2018), Rechkemmer et al. (2016), UNHCR (2018), WBGU (2007)

Klimamigration im Pazifik

bedrohte Insel- und Atollgebiete

Indonesien

Papua-Neuguinea

Carteret-Inseln

Bougainville

Die niedrig liegenden Pazifischen Inseln und Atolle, die teilweise nur etwas mehr als einen Meter über dem Meeresspiegel liegen, sind vom Meeresspiegelanstieg besonders stark bedroht.

Im besten Fall, wenn die Erwärmung durch weltweite Klimaschutzmaßnahmen auf 1,5 °C begrenzt würde, wird der Meeresspiegel bis zum Jahr 2100 um maximal 77 cm ansteigen. Allerdings ist es laut neuesten Erkenntnissen wahrscheinlicher, dass der Meeresspiegel bis zum Jahr 2100 um 1 m ansteigen wird. Damit würden schon in 80 Jahren einige Atolle gänzlich verschwinden.

Zudem werden tropische Stürme tendenziell stärker und überfluten heute schon in der Zyklonsaison die Inseln. Das salzhaltige Meerwasser degradiert die Böden, Nahrungs- und Trinkwasserquellen. Die Sandstrände an den Küsten werden weggespült, die schützenden Korallenriffe zerstört. Da Fisch auf den Inseln traditionell ein Hauptnahrungsmittel darstellt, wird auch die Degradierung der Korallenriffe, weiter vorangetrieben durch steigende Wassertemperaturen und höheren Säuregehalt, zu einem existenziellen Problem.

Zudem fällt in der Trockensaison immer weniger Regen, was auf vielen Inseln zu Trinkwassermangel führt.

Anote Tong, Präsident des Inselstaats Kiribati, bat daher in Neuseeland und Australien um politisches Asyl für seine Landsleute. Seit 2017 hat Neuseeland ein Flüchtlingsvisum extra für Pazifikinsulaner in Planung.

Solomon-Inseln

Australien

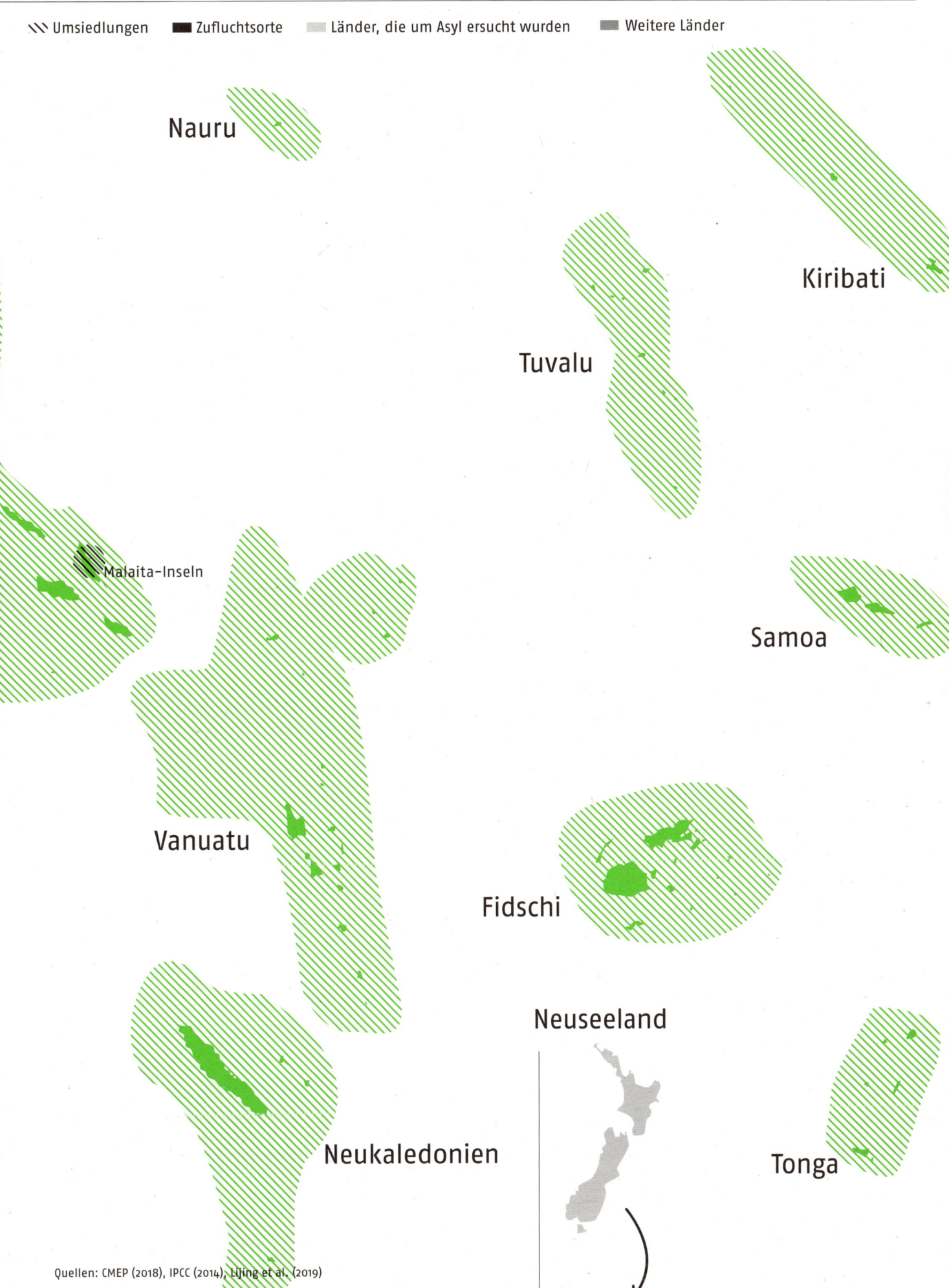

Umsiedlungen · Zufluchtsorte · Länder, die um Asyl ersucht wurden · Weitere Länder

Nauru

Kiribati

Tuvalu

Malaita-Inseln

Samoa

Vanuatu

Fidschi

Neuseeland

Neukaledonien

Tonga

Quellen: CMEP (2018), IPCC (2014), Lijing et al. (2019)

Untergehendes Bangladesch

Ernteausfälle werden häufiger aufgrund einer Versalzung der Böden nach Überschwemmungen.

Hunger und Armut nehmen zu. 50 % der Bevölkerung leben bereits in Armut.

Einige Bauern wandeln ihre überfluteten und versalzenen Felder in Aquakulturen um, zum Beispiel in Shrimpfarmen.

Bis zu

2,1 Mio.

Menschen in Bangladesch müssten voraussichtlich bis zum Jahr 2100 umsiedeln, wenn der Pegel des Indischen Ozeans um 2 Meter anstiege. In den letzten 30 Jahren war der regionale Meeresspiegelanstieg in Bangladesch mit 6–21 mm pro Jahr zwei- bis fünfmal so hoch wie im weltweiten Durchschnitt.

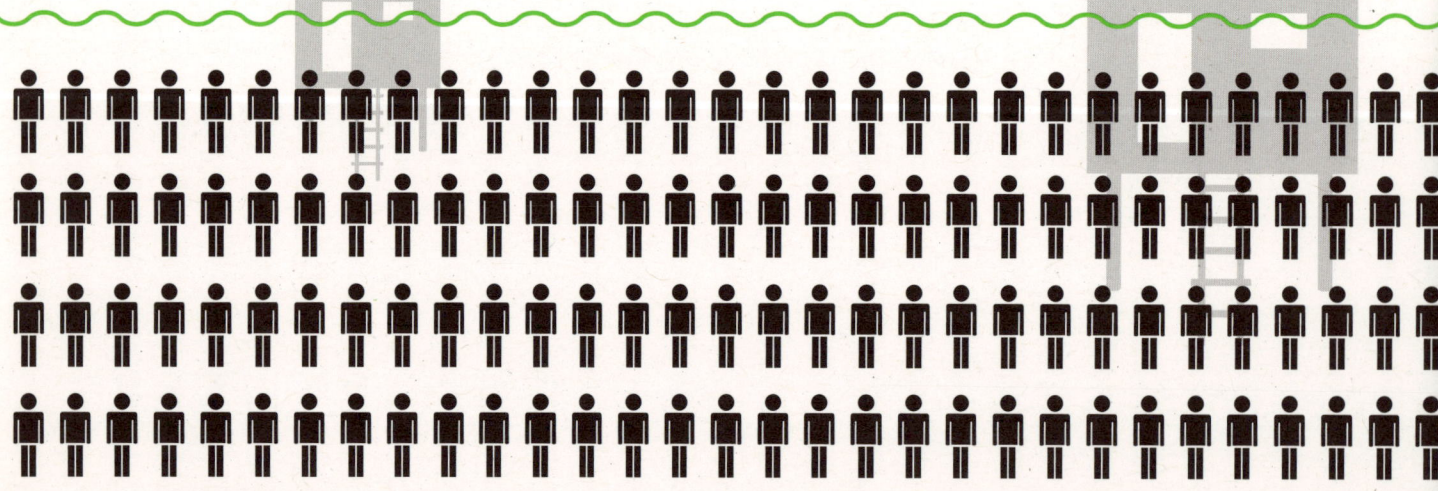

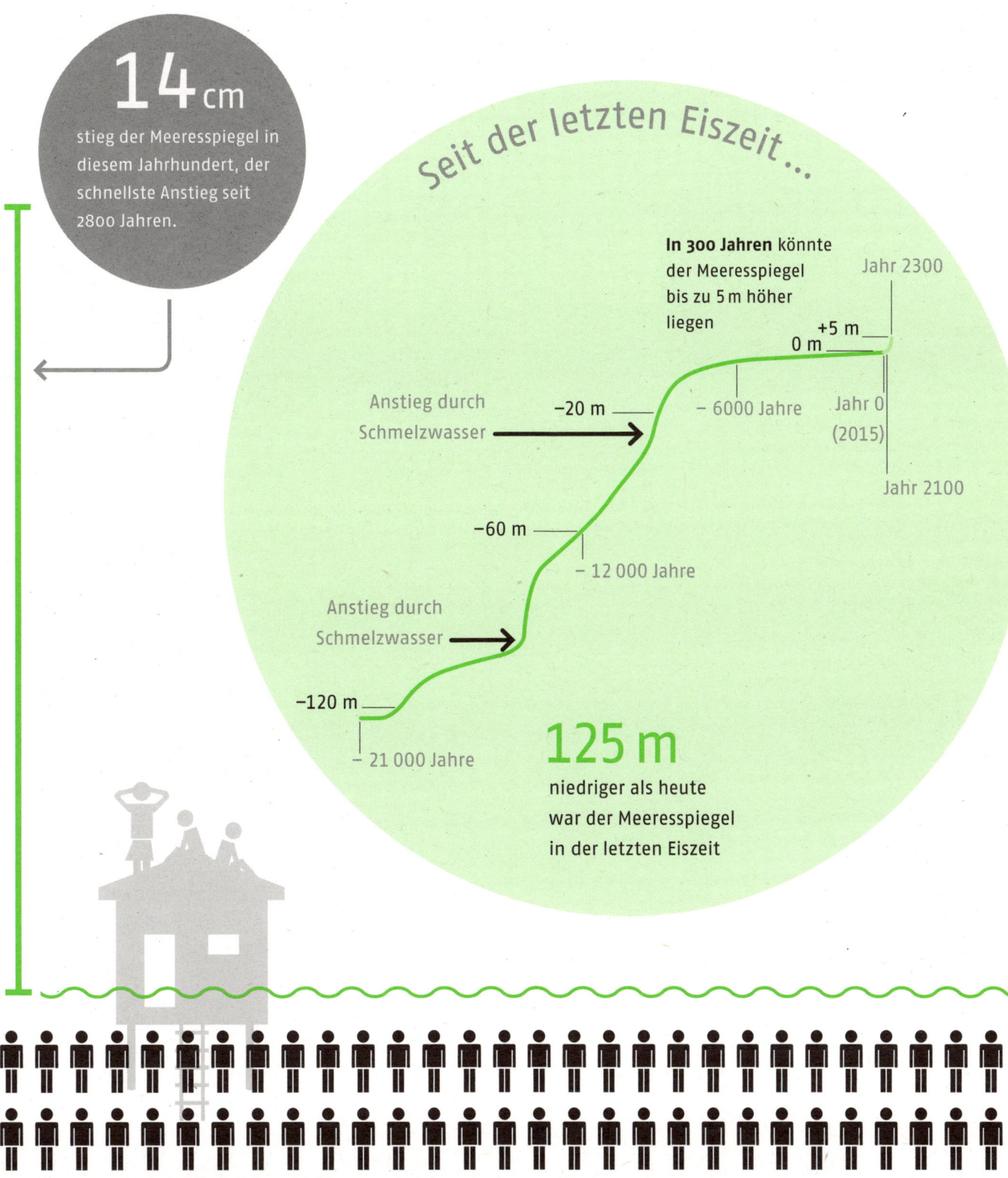

14 cm
stieg der Meeresspiegel in diesem Jahrhundert, der schnellste Anstieg seit 2800 Jahren.

Seit der letzten Eiszeit...

In 300 Jahren könnte der Meeresspiegel bis zu 5 m höher liegen

Jahr 2300

+5 m
0 m

Jahr 0 (2015)

Jahr 2100

Anstieg durch Schmelzwasser → −20 m

− 6000 Jahre

−60 m
− 12 000 Jahre

Anstieg durch Schmelzwasser →

−120 m
− 21 000 Jahre

125 m
niedriger als heute war der Meeresspiegel in der letzten Eiszeit

Quellen: Brown et al. (2018), Davis et al. (2018), IPCC (2014), Maribus (2010), Sweet et al. (2017)

♦ = 7700 Menschen

Wetterextreme und menschlicher Einfluss

 Schnee/Eis 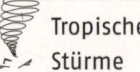 Starkregen Tropische Stürme

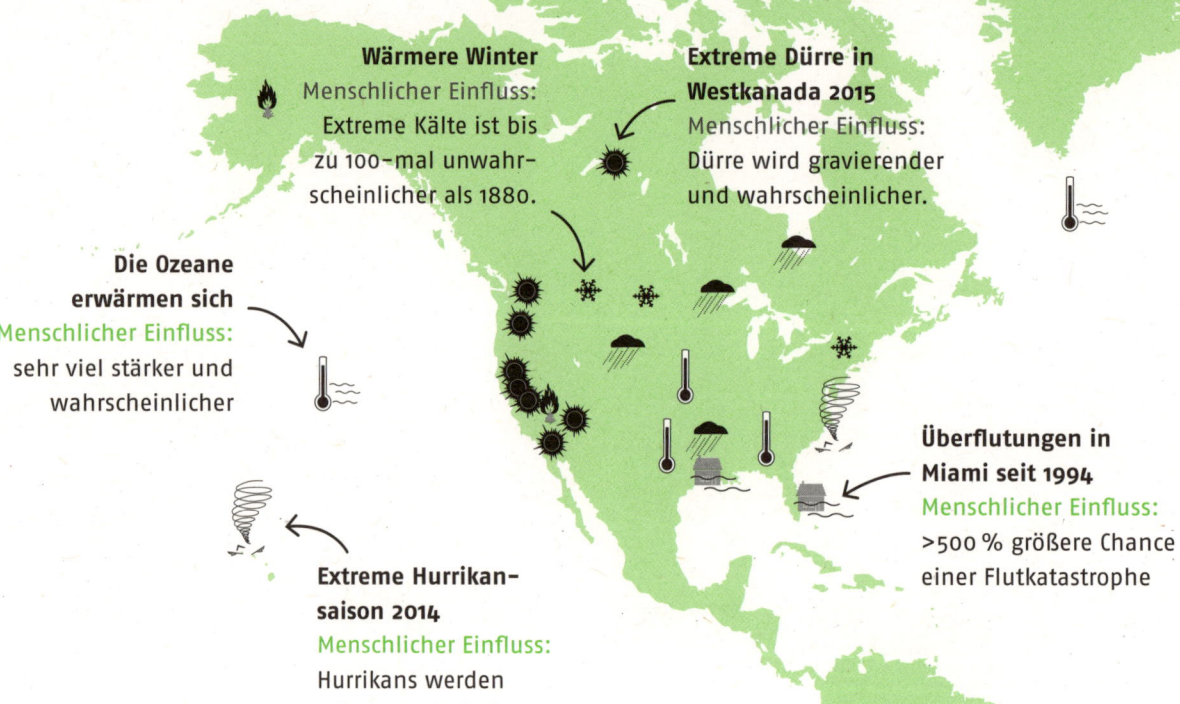

Wärmere Winter
Menschlicher Einfluss: Extreme Kälte ist bis zu 100-mal unwahrscheinlicher als 1880.

Extreme Dürre in Westkanada 2015
Menschlicher Einfluss: Dürre wird gravierender und wahrscheinlicher.

Die Ozeane erwärmen sich
Menschlicher Einfluss: sehr viel stärker und wahrscheinlicher

Überflutungen in Miami seit 1994
Menschlicher Einfluss: >500 % größere Chance einer Flutkatastrophe

Extreme Hurrikan-saison 2014
Menschlicher Einfluss: Hurrikans werden stärker und häufiger.

Dürre im südlichen Amazonas 2010
Menschlicher Einfluss: Dürren werden länger anhaltend und wahrscheinlicher.

Hitzewelle in Argentinien 2013
Menschlicher Einfluss: 5-mal höheres Risiko starker Hitze

Wo immer menschliche Aktivitäten als Auslöser für extreme Wetterereignisse wie Hitzewellen, Überflutungen oder Wirbelstürme identifiziert werden, wird die sonst eher abstrakte globale Erwärmung für jeden greifbar.

Seit dem Jahr 2000 gibt es ein eigenes, stetig wachsendes Forschungsgebiet »extreme event attribution«, was so viel heißt wie »Zuordnung von extremen Ereignissen«. Dabei wird berechnet, wie wahrscheinlich es ist, dass ein Ereignis in Zusammenhang mit der menschengemachten Klimakrise steht: ob oder inwiefern der Einfluss des Klimawandels thermische Prozesse verändert hat, die zu dem Ereignis geführt haben könnten.

In dieser Karte sind die Ergebnisse von knapp 100 Studien verortet, die eindeutig zu dem Ergebnis kamen, dass die menschengemachte Klimakrise als Auslöser oder Verstärker des jeweiligen Wetterereignisses identifizierbar ist.

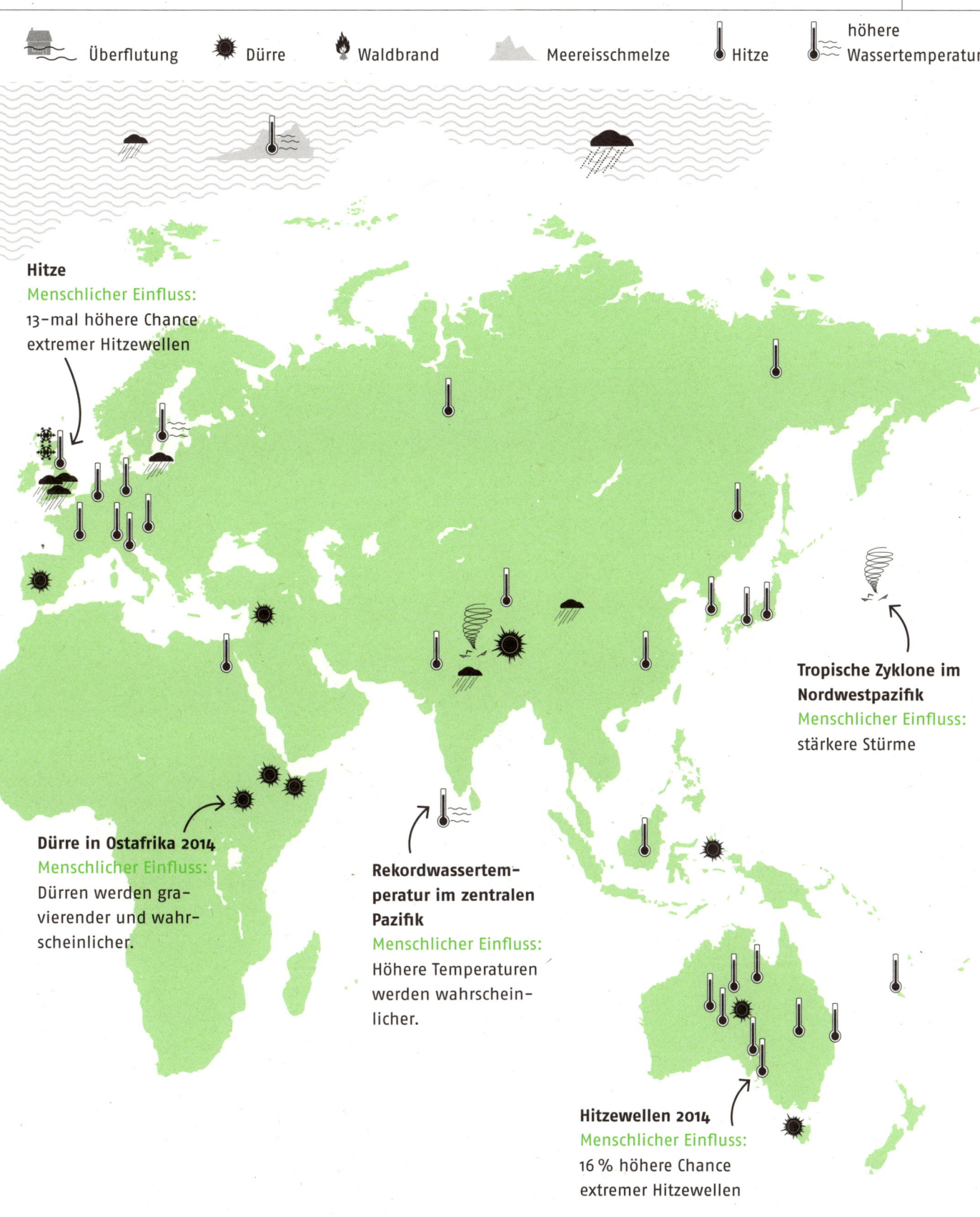

Überflutung   Dürre   Waldbrand   Meereisschmelze   Hitze   höhere Wassertemperatur

Hitze
Menschlicher Einfluss:
13-mal höhere Chance
extremer Hitzewellen

Tropische Zyklone im Nordwestpazifik
Menschlicher Einfluss:
stärkere Stürme

Dürre in Ostafrika 2014
Menschlicher Einfluss:
Dürren werden gra-
vierender und wahr-
scheinlicher.

**Rekordwassertem-
peratur im zentralen
Pazifik**
Menschlicher Einfluss:
Höhere Temperaturen
werden wahrschein-
licher.

Hitzewellen 2014
Menschlicher Einfluss:
16 % höhere Chance
extremer Hitzewellen

Quellen: CB (2017), Funk et al. (2015), Kam et al. (2015), King et al. (2015), Murakami et al. (2015), Sweet et al. (2013 + 2016), Szeto et al. (2016), Shiogama et al. (2013), Zhang et al. (2016)

Klimarisiken in Afrika

1 **Veränderung von Öko-systemen** führt u. a. zu sinkender Artenvielfalt und höherer Rate an aussterbenden und bedrohten Arten

2 **Steigender Wasser-mangel** durch länger andauernde Dürren und höheren zukünftigen Bedarf

4 °C höher wird die Durch-schnittstemperatur voraussichtlich in Afrika im Jahr 2100

Während die Auswirkungen der Klimakrise sich weltweit intensivieren, ist Afrika besonders hart betroffen. Durch die geografische Lage nahe am Äquator und die hohe Armut sowie die schlechte wirtschaftliche Lage vieler Entwicklungsländer ist der Kontinent als Ganzes sehr verletzlich und die Anpassungsfähigkeit an die neuen klimati-schen Bedingungen eher gering.

Für ein Drittel aller Bewohner Afrikas sind lang anhaltende Dürren, schrumpfende oder aus-trocknende Seen und eine sehr beschwerliche Landwirtschaft bereits Realität. Während einige Regionen durch die Klimakrise weniger Regen erhalten, werden andere Regionen in Zukunft mit stärkeren Niederschlägen und Überflutungen konfrontiert sein.

Trinkwasser- und Nahrungsmangel werden sich durch die Klimakrise noch verstärken. Die UN geht von weltweit ca. 50 Millionen zusätz-lichen »Umweltflüchtlingen« aus, die durch den Klimawandel nahezu unbewohnbare ländliche Gegenden in Afrika verlassen und vermehrt in größere Städte ziehen werden.

9 **Meeresspiegelanstieg** und Extremwetter führen u. a. durch Überflutun-gen zu Problemen in der Infrastruktur, Trinkwas-serversorgung und zu Gesundheitsproblemen.

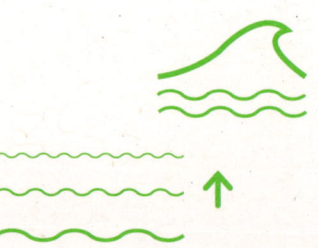

3 **Degradation der Korallenriffe** führt zu sinkenden Fischbeständen sowie Erwerbs- und Nahrungseinbußen der traditionellen Fischer.

4 **Hohe Ernteausfälle** durch Dürren und Überflutungen führen zu Nahrungsmittelknappheit und Gesundheitsproblemen.

5 **Geschwächte Nutztiere** sind durch Hitze, Trinkwasserknappheit und Futtermangel anfälliger für Krankheiten und vorzeitigen Tod.

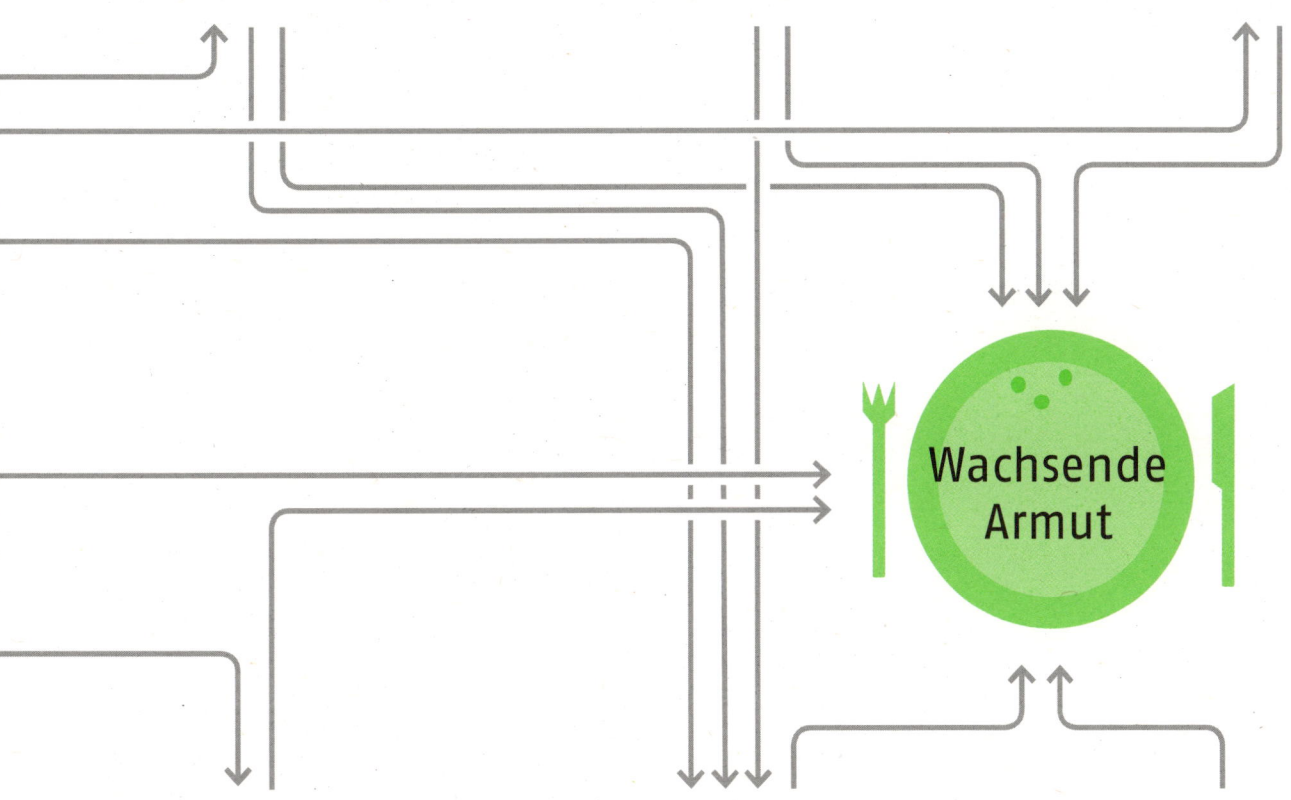

Wachsende Armut

8 **Klimamigration nimmt zu** und kann zu Unruhen, zum Verstärken von gewaltsamen Konflikten, Menschenrechtsverletzungen und politischer Instabilität führen.

7 **Unterernährung steigt** in der Bevölkerung und führt zu lebenslangen Gesundheitsproblemen. Auslöser sind u. a. klimabedingte Ernteausfälle oder Flucht.

6 **Von Mücken oder Wasser übertragene Krankheiten** wie Malaria oder Cholera nehmen durch Starkregen und Hitze zu und verlagern sich geografisch.

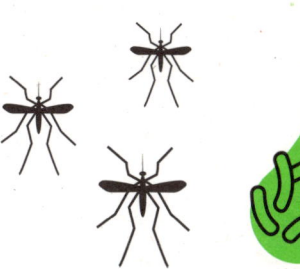

Quelle: IPCC (2014)

Rückgang der Artenvielfalt

Durch die Klimakrise verstärkt

Crotch-Hummel
(Bombus crotchii)

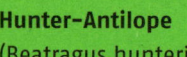

Rostig gefleckte Hummel
(Bombus affinis)

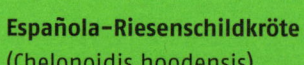

**Bramblecay-
Mosaikschwanzratte**
(Melomys rubicola)

Hunter-Antilope
(Beatragus hunteri)

**Nördlicher
Haarnasenwombat**
(Lasiorhinus krefftii)

Koala
(Phascolarctos
cinereus)

Española-Riesenschildkröte
(Chelonoidis hoodensis)

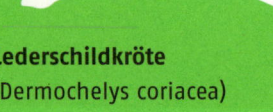

Lederschildkröte
(Dermochelys coriacea)

Westafrikanisches Panzerkrokodil
(Mecistops cataphractus)

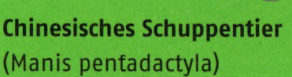

Chinesisches Schuppentier
(Manis pentadactyla)

Quelle: IUCN (2018)

Kategorien der IUCN ☐ gefährdet (VU) ▨ stark gefährdet (EN) ■ vom Aussterben bedroht (CR) ⌐┐ ausgestorben

Anjouan-Zwergohreule
(Otus capnodes)

Himalayawachtel
(Ophrysia superciliosa)

Langschnabel-Rußkakadu
(Zanda baudinii)

Atlantischer Kabeljau
(Gadus Morhua)

Felsenpinguin
(Eudyptes chrysocome)

Elchgeweihkoralle
(Acropora palmata)

Sägerochen
(Pristis pristis)

Australischer Seelöwe
(Neophoca cinerea)

Nördlicher Seebär
(Callorhinus ursinus)

Hirschgeweihkoralle
(Acropora cervicornis)

Eisbär
(Ursus maritimus)

Mehr als 26.500 Tier- und Pflanzenarten sind momentan vom Aussterben bedroht, das ist fast ein Drittel aller bisher auf der Roten Liste ausgewerteten Lebewesen. Die Klimakrise beschleunigt diesen Trend, indem sie Lebensräume teils radikal verändert: durch Dürren, Überflutungen oder den Wassertemperaturanstieg. Das Risiko eines klimatisch bedingten Biodiversitätsverlusts ist in Südamerika, Australien und Neuseeland am höchsten.

Die Artenvielfalt ist weltweit in den letzten Jahren um 60 % zurückgegangen, was einen drastischen Einschnitt in viele Ökosysteme darstellt. 40 % aller Amphibien, 25 % der Säugetiere, 33 % aller Haiarten sowie 33 % der Korallenarten und 14 % der Vögel sind vom Aussterben bedroht.

Schnelles Handeln, besonders das Einrichten und Vergrößern von Schutzgebieten, ist nötig – denn nur gesunde, ungestresste Tiere haben eine Chance, sich an den Klimawandel anzupassen.

Globale Wasserknappheit

1 Gletscher und Grundwasserreserven schrumpfen ...

Das rasante Bevölkerungswachstum, gekoppelt mit der menschengemachten Klimakrise, sorgt für teils schweren Wassermangel in einigen Teilen der Erde. In den Ländern, in denen die Wasserknappheit aktuell schon gravierend ist, wird sie durch die Klimakrise noch verstärkt. Durch veränderte Regenmuster sowie trockeneres Klima wird sie sich zudem auf neue Regionen der Welt ausbreiten. Wetterextreme und das Schmelzen der Inlandgletscher werden das Problem voraussichtlich weiter verstärken.

Wasser ist nicht nur als Trinkwasser essenziell, sondern auch in der Energiegewinnung, Warenproduktion und Landwirtschaft ein wichtiger Faktor. Um die Ressource Wasser für zukünftige Generationen zu wahren, müssen wir weg von fossilen Kraftwerken und stattdessen effiziente landwirtschaftliche Bewässerungssysteme, bessere Regenwassernutzung und weniger Wasserverbrauch in der Warenproduktion erreichen.

Aktuell sind rund 4 Milliarden Menschen saisonbedingt von akuter Wasserknappheit betroffen, und 500 Millionen Menschen leiden das ganze Jahr über unter Wassermangel.

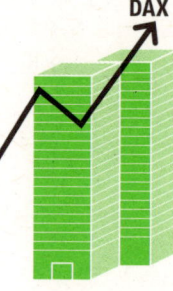

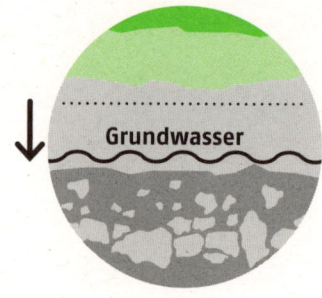

Mineralwasserunternehmen senken den Grundwasserspiegel in einigen Regionen, indem sie zu viel Wasser abpumpen. Die Bevölkerung ist in der Folge auf das teure abgefüllte Wasser angewiesen.

Dürren und Regenumverteilung werden durch die Klimakrise verstärkt.

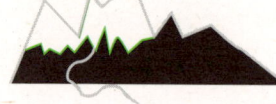

Sind Gletscher erst mal abgeschmolzen, gibt es kaum noch Nachschub für Flüsse und Seen.

Quellen: Hoekstra (2008), Luo et al. (2015), Mekonnen/Hoekstra (2016), Richard et al. (2017), UCS (2011), WWAP (2018), watercalculator.org (2018)

② Der Wasserverbrauch steigt ...

Die Energienachfrage wächst: Große Atomkraftwerke benötigen über **3 Milliarden Liter Wasser pro Tag.**

Die Industrialisierung wächst: Wasserintensive Prozesse sind u. a. Rohstoffgewinnung und Weiterverarbeitung von seltenen Erden.

Der Konsum steigt: Für die Herstellung eines Baumwoll-T-Shirts werden rund 2500 Liter Wasser benötigt.

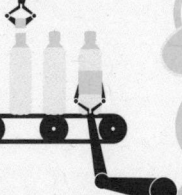

Für die Herstellung einer Plastikflasche wird zweimal so viel Wasser benötigt, wie sie enthält.

Ineffiziente Bewässerung und durch die Klimakrise steigender Bedarf: 70 % des Wassers weltweit wird in der Landwirtschaft verbraucht.

Wachsender Fleischkonsum: Für 1 kg Rindfleisch werden rund 15.500 Liter Wasser benötigt.

③ Extremer Wassermangel
Prognose für 2040

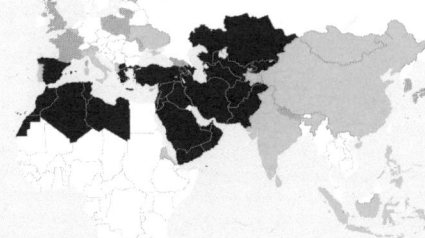

+1/3

mehr **Trinkwasser** wird 2050 benötigt. Treiber sind unter anderem die stetig wachsende Weltbevölkerung, Wirtschaft und fortschreitende Industrialisierung von Schwellenländern.

Wasserknappheit
(weniger Wasser in %)

■ mittel bis hoch (20–40 %)
■ hoch (40–80 %)
■ extrem hoch (>80 %)

33 Länder werden bis 2040 voraussichtlich mit extrem hoher Wasserknappheit konfrontiert sein, wenn im gleichen Maße CO_2 emittiert wird wie bisher.

Moskitos, Zecken und invasive Arten

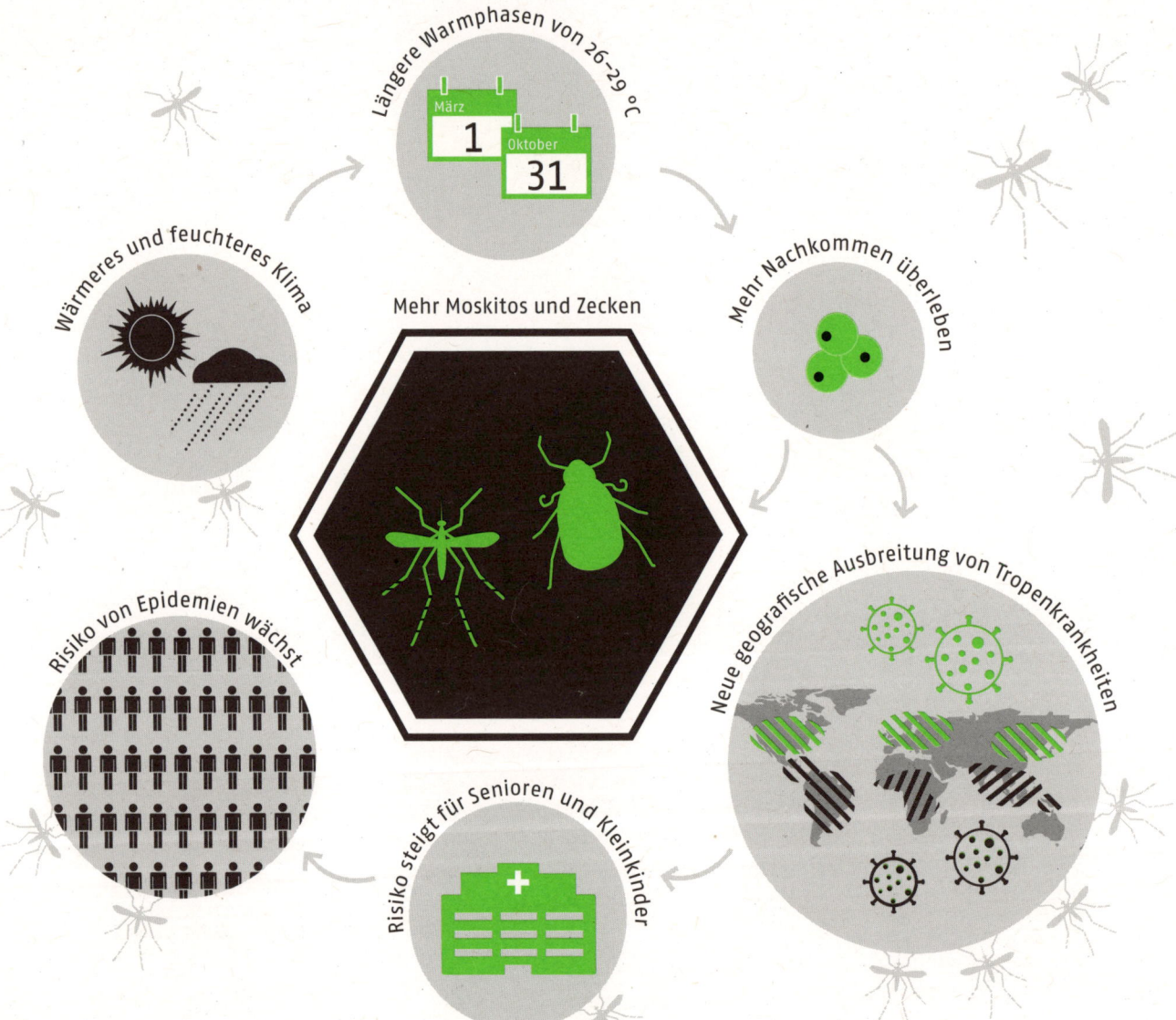

Längere Warmphasen von 26–29 °C

März
1
Oktober
31

Wärmeres und feuchteres Klima

Mehr Moskitos und Zecken

Mehr Nachkommen überleben

Risiko von Epidemien wächst

Neue geografische Ausbreitung von Tropenkrankheiten

Risiko steigt für Senioren und Kleinkinder

Durch das wärmere und teils feuchtere Klima werden Mücken zahlreicher und breiten sich in neuen Gebieten aus. Die tropische Tigermücke ist auf dem Vormarsch in nördlichere Breiten, sie ist Träger von einigen Tropenviruskrankheiten wie Zika, Denguefieber und Chikungunya. In Europa und Nordamerika sieht man bereits steigende Zahlen von Tigermücken und Tropenkrankheiten. Durch mildere Winter können sie überleben, und durch längere, wärmere Sommer verlängert sich ihre Fort-pflanzungszeit und vergrößert sich ihre Nachkommenschaft.

Ein weiteres Gesundheitsrisiko stellen Zecken dar. Gefährliche tropische Arten breiten sich immer weiter aus und mit ihnen die Zahl von schweren Krankheiten wie Borreliose. Zecken fühlen sich im wärmer werdenen Klima wohl, ihre Zahlen steigen weltweit. In einzelnen Regionen steigen sie bis zur Epidemie an.

Quellen: CDC (2018), Eisen et al (2013), Mordecai et al (2017)

Richtung Nordsee

Sueskanal

In einigen Ökosystemen lassen sich die Folgen der menschengemachten Klimakrise schon heute beobachten. Viele Zugvögel reagieren sensibel auf Veränderungen ihrer Umwelt und passen ihre Flugrouten und Brutgebiete an. Bis vor einigen Jahren stoppten Kraniche im Nordosten Deutschlands lediglich kurz, wenn sie im Herbst in Richtung Süden zogen. Im Jahr 2012 verbrachte schon rund ein Drittel der Vögel den gesamten Winter in Deutschland. Ihr Flugweg verkürzte sich in nur 10 Jahren von 2000 km auf durchschnittlich 670 km, während ihre Populationsgröße stetig steigt.

Das Mittelmeer ist ein weltweiter Hotspot für invasive Arten. Veränderungen und Stress durch die menschengemachte Klimakrise sind dort bereits negativ sichtbar. Tropische Arten gelangen hauptsächlich durch den Sueskanal und durch die Schifffahrt in das Mittelmeer, wo sie heimischen Arten die Lebensgrundlage rauben. Der aus dem Indopazifik eingewanderte Kaninchenfisch nimmt zum Beispiel 60 % mehr pflanzliche Nahrungsmasse auf als heimische Fische. Andere Arten wandern vom Mittelmeer in die Nordsee ab, da sie dort mittlerweile wärmere Wassertemperaturen vorfinden.

Kraniche:

verlassene Brutgebiete, Simulation

Brutgebiete heute

Brutgebiete, Simulation 2070–2099

Tropische Fische:

ursprünglicher Lebensraum

neue Ausdehnung

Quellen: Huntley et al. (2007), Mannino et al. (2017), Nowald (2010), Verge's et al. (2014)

»

In Zukunft wird jeder vom Klimawandel
betroffen sein, auch ihr.
Es gibt nur einen Planeten.
Fangt damit an, eure Kohlekraftwerke
außer Betrieb zu setzen,
und übernehmt Verantwortung!
Es ist nie zu spät. Deutschland hat
das Geld, das Know-how
und die Technologien, um auf
erneuerbare Energien umzusteigen.
Je früher man damit anfängt,
desto besser für alle.

«

Chinma George, 2017
Expertin für Klimawandel und
Landwirtschaft
Beraterin für die UN-Wirtschaftskom-
mission für Afrika (UNECA)

Quelle: Oxfam (2017)

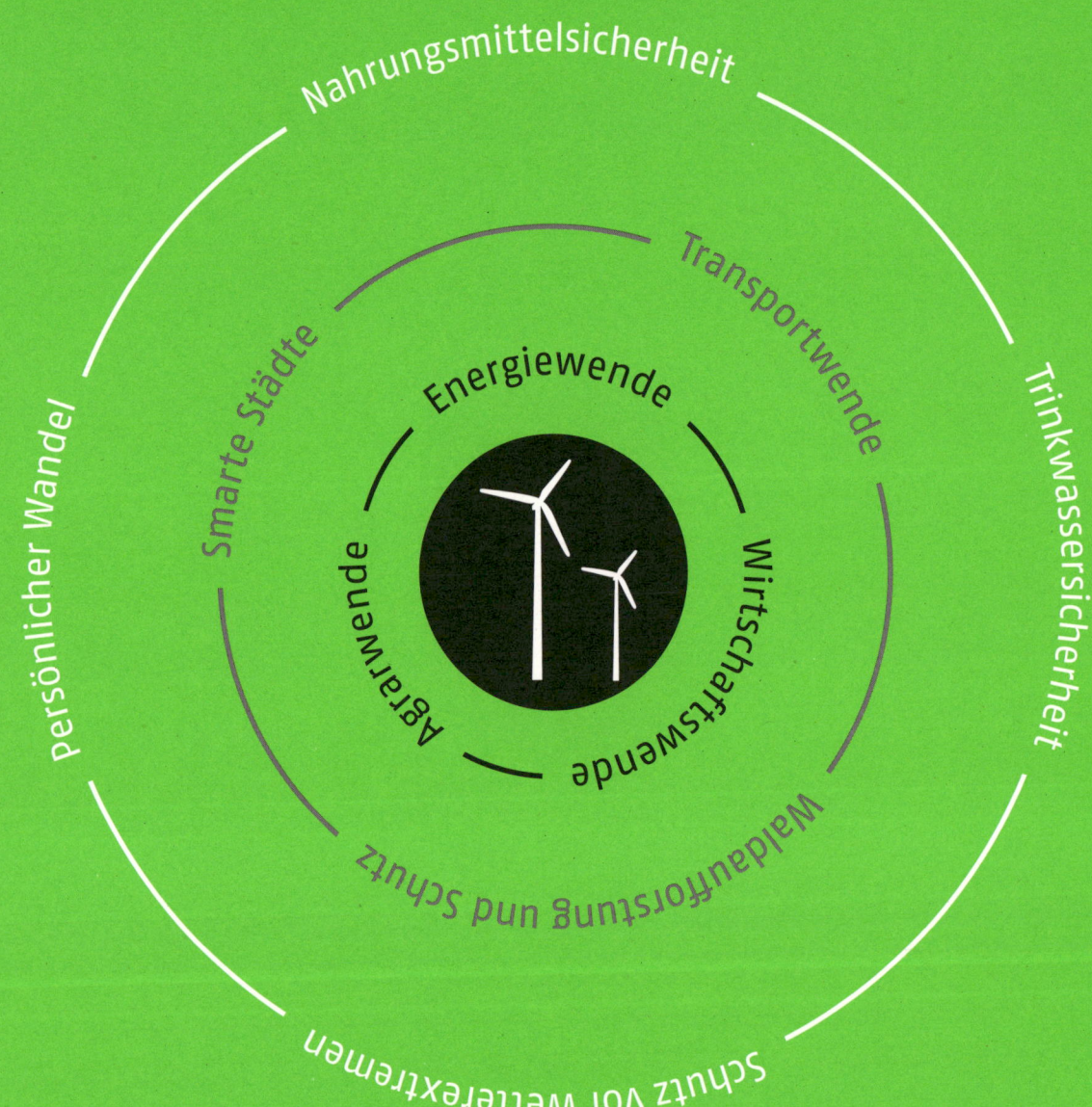

Lösungsansätze

Die Anpassung an die Klimakrise ist essenziell

Gesundheitsprobleme
Ohne Anpassung:
maximal hohes Risiko
Mit hoher Anpassung:
hohes Risiko

Polarregionen

2080–2100
4 °C

Nordamerika

2030–2040
1,5 °C

Zunahme von Todesfällen
durch Hitzewellen
Ohne Anpassung:
hohes Risiko
Mit hoher Anpassung:
niedriges Risiko

Schon 1992 in Rio de Janeiro haben sich die Regierungen der Welt auf einer Konferenz der Vereinten Nationen (UN) zum ersten Mal darauf geeinigt, dass die vom Menschen verursachte Veränderung des Klimasystems rückgängig gemacht werden muss. Daraus resultierte der 1. Weltklimagipfel 1995 in Berlin, dann folgten 2005 das Kyoto-Protokoll und 2015 der Pariser Klimavertrag COP21, der von 196 Staaten unterschrieben wurde. Die USA, der zweitgrößte CO_2-Emittent weltweit, hat unter Präsident Donald Trump den Austritt aus dem Vertrag angekündigt.

Mittlerweile haben zahlreiche wissenschaftliche Studien gezeigt, dass die Erwärmung auf 1,5 °C begrenzt werden sollte, um die Risiken zu minimieren, aber auch bei 1,5 °C kann der Klimawandel schneller voranschreiten, als wir uns anpassen können.

Zum einen müssen CO_2-Emissionen radikal reduziert werden – bis 2025 sollen die jeweiligen Klimaziele der Staaten erreicht werden –, zum anderen müssen die Staaten beginnen, sich für die Folgen zu rüsten, und sich an die neuen klimatischen Bedingungen anpassen, um die negativen Effekte der globalen Erwärmung abzufedern und Risiken für die Menschen zu minimieren.

Klimagipfel Paris 2015

Fast 200 Staaten unterzeichneten den Paris-Klimaakkord. Darin einigten sich die Regierungschefs darauf, die Erwärmung auf unter 2 °C, besser 1,5 °C, zu begrenzen.

Südamerika

2030–2040
1,5 °C

Ernteertrag und Nahrungsmittelsicherheit nehmen ab.
Ohne Anpassung:
maximal hohes Risiko
Mit hoher Anpassung:
niedriges Risiko

Europa

2080–2100

4 °C

Wachsender Schaden
durch extreme Hitze
und Waldbrände
Ohne Anpassung:
maximal hohes Risiko
Mit hoher Anpassung:
mittleres bis hohes
Risiko

Wachsender Schaden
durch Flusshochwasser
und Küstenüberflutungen
Ohne Anpassung:
mittleres bis hohes Risiko
Mit hoher Anpassung:
niedriges Risiko

Europa

2080–2100

2 °C

Asien

2080–2100

2 °C

Afrika

2030–2040

1,5 °C

Wachsender Schaden
an der Infrastruktur und
an Behausungen durch
Überflutungen
Ohne Anpassung:
hohes Risiko
Mit hoher Anpassung:
mittleres Risiko

Australien + Ozeanien

2080–2100

4 °C

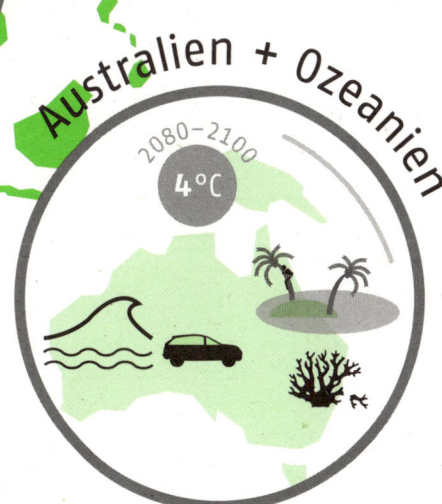

Ernteertrag, Trinkwasser-
und Nahrungsmittel-
sicherheit nehmen ab.
Ohne Anpassung:
hohes Risiko
Mit hoher Anpassung:
niedriges Risiko

**Schäden an Küsten-
infrastruktur, Ökosys-
temen und Inseln**
Ohne Anpassung:
hohes Risiko (maximal
für Inseln)
Mit hoher Anpassung:
mittleres Risiko (hoch
für Inseln)

Quellen: IPCC (2014), UNFCCC (2017)

In 10 Punkten zu mehr Klimaschutz

Nahrungsmittelsicherheit ①

Weltweit sind rund 800 Millionen Menschen chronisch unterernährt. Die Klimakrise verschärft diese Situation. In den ärmsten Regionen der Welt sind ca. 500 Millionen Kleinstfarmen für 80 % der Lebensmittelproduktion zuständig. Ihnen muss finanziell geholfen werden, um die Nahrungsmittelsicherheit zu verbessern.

Trinkwassersicherheit ②

Neben Nahrungsmitteln sollte gewährleistet sein, dass jeder Mensch auf der Welt genügend sauberes Trinkwasser zur Verfügung hat. Die Klimakrise verschärft den Trinkwassermangel in ca. 20 Staaten extrem.

Schutz vor Wetterextremen ③

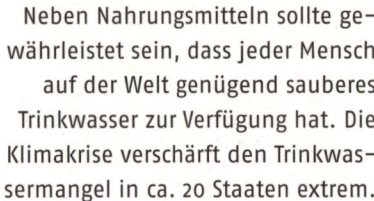

Ein weiterer sozialer Aspekt ist der Schutz vor Überflutungen, besonders in den ärmsten Ländern: Durch Starkregen und Meeresspiegelanstieg wächst in Zukunft die Klimaflucht.

Staaten-übergreifende Kooperationen intensivieren

z. B. nach COP21 und Kyoto-Protokoll Handlungsgruppen bilden

Waldaufforstung und -schutz ④

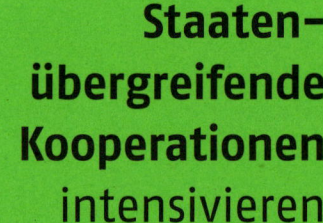

Ein sofortiger weltweiter Stopp von Waldrodungen würde einen schnellen und enormen Effekt auf die CO_2-Bilanz von Ländern haben: Indem die Bäume anthropogenes CO_2 aufnehmen, fungieren sie als Klimaschützer.

Quellen: Bai et al. (2018), Gitz et al. (2016), Scherer & Tänzler (2018)

10 Persönlicher Wandel

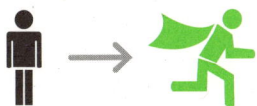

...werde auch du ein Klimaheld!
Mehr dazu ab Seite 108

9 Transportwende

Regulation von Frachtflügen: Obst, Gemüse und Fleisch werden mit verheerenden Emissionen für die Reichen um die Welt geflogen. Stattdessen ist ein stadtnaher Ausbau des Nahverkehrs durch Züge, Elektrobusse und Radwege unbedingt notwendig.

8 Agrarwende

Weg von Pestiziden, Nahrungsmittelverschwendung, Biodiversitätsverlust und industrieller Monokultur, zurück zur biologischen Landwirtschaft, vielen kleinen Permakulturhöfen und gesunden Böden, die als CO_2-Speicher dienen.

7 Wirtschaftswende

Das Ende des Wachstums einleiten: In Zukunft sollten Nachhaltigkeit, Recycling, grüne Produktion und Ressourcenschonung oberste Prioriät haben. An die Stelle von Expansion und Ausbeutung rückt »Grüne Effizienz«.

2019

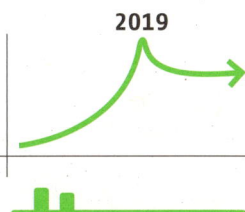

Aufklärungsarbeit vernetzen und ausweiten

z. B. Onlineplattformen, Klimawochen, Bildung, Medien, TV, Bücher

6 Energie- und Politikwende

Der Ausbau der Solarenergie und eine effiziente Speicherung müssen in den Fokus der Subventionen rücken, Kohle- und Gaskraftwerke sollten dagegen CO_2-Abgaben leisten, statt Subventionen zu erhalten.

5 Smarte Städte

Mehr als die Hälfte der Weltbevölkerung lebt in Städten, in denen 75 % der weltweiten Energieemissionen produziert werden. Nachhaltiger grüner Umbau der Infrastruktur, Energieproduktion und Hausisolierung sollten hier oberste Klimaziele sein.

Die Energiewende ist dringend nötig

91 %

der Weltbevölkerung sind laut der Weltgesundheitsorganisation (WHO) gesundheitsschädlicher Luft ausgesetzt. Mehr grüne Energie heißt auch weniger Kosten im Gesundheitsbereich.

89 Mio.

Menschen in Afrika und Asien nutzen Solarstrom, Tendenz steigend (jährlich 4 %). Alle Entwicklungsländer investieren heute schon mehr in Solarenergie als die Industrienationen.

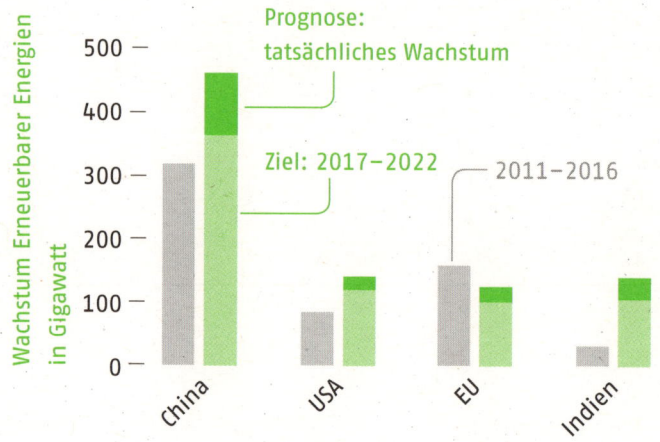

Wachstum Erneuerbarer Energien in Gigawatt

Prognose: tatsächliches Wachstum

Ziel: 2017–2022

2011–2016

China   USA   EU   Indien

Kohle
Erdgas
Erdöl
Atom

Sonne
Wind
Wasser
Geothermie
Biogas

8,3 Mio.

Menschen arbeiten weltweit im grünen Energiesektor.

Erneuerbarer-Energien-Mix
weltweit 2018

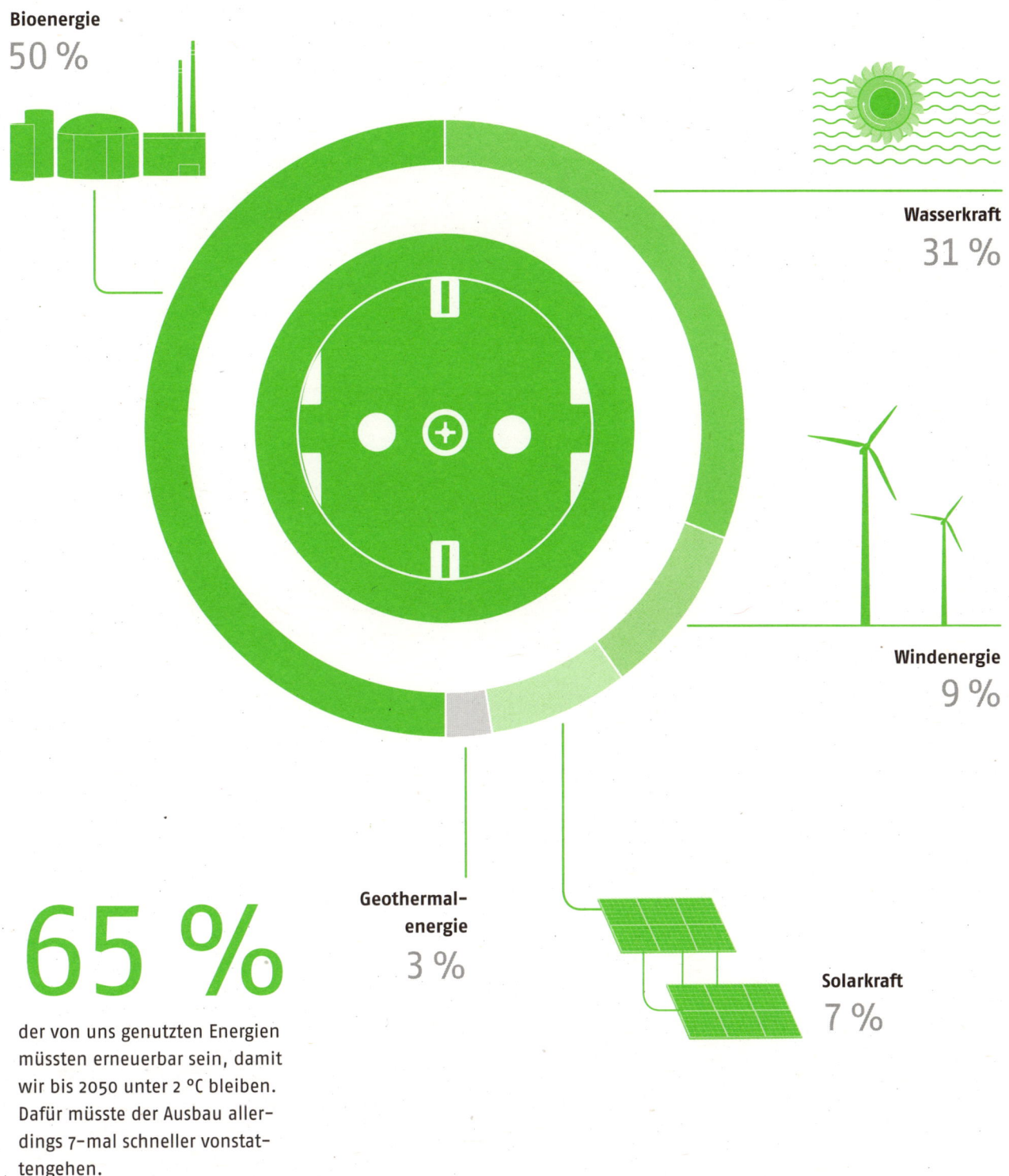

Bioenergie
50 %

Wasserkraft
31 %

Windenergie
9 %

Geothermal-energie
3 %

Solarkraft
7 %

65 %
der von uns genutzten Energien müssten erneuerbar sein, damit wir bis 2050 unter 2 °C bleiben. Dafür müsste der Ausbau allerdings 7-mal schneller vonstattengehen.

Quellen: IEA (2018), IRENA (2017), WBG (2017), WHO (2018)

Grüne Wirtschaftswende

Die Klimakrise und die Ausnutzung von natürlichen Rohstoffen stehen in engem Verhältnis zueinander. Momentan benötigen wir, an Ressourcen gemessen, 1,5 Erden pro Jahr.

Die Wirtschaft wächst seit dem Ende des II. Weltkriegs stetig. Durch die Globalisierung und Digitalisierung wurde die Warenproduktion ausgelagert, die Energienutzung nahm zu, und wachsende Onlineshops treiben das Transportaufkommen in die Höhe.

Wirtschaftswende heißt, ein nachhaltiges Wirtschaftssystem zu erschaffen, in dem die natürlichen Ressourcen als endlich angesehen werden und dementsprechend angemessen genutzt und geschützt werden – staatenübergreifend und zum Wohle aller Menschen auf der Welt. Das ultimative Ziel muss sein, den zukünftigen Generationen einen lebenswerten Planeten mit intakten Ökosystemen zu übergeben.

Erden benötigen wir zurzeit mit unserer Lebensweise, gemessen an den Rohstoffen, die wir jährlich verbrauchen. Der »Earth Overshoot Day«, an dem wir die jährlich zur Verfügung stehenden Rohstoffe verbraucht haben, rückt jedes Jahr mehr in die Mitte des Jahres.

Quellen: Dietz et al. (2018), DEHSt (2017), EC (2018), OECD (2018)

In 7 Schritten zum nachhaltigen Unternehmen

1 Den eigenen Umwelteinfluss überprüfen: Nachhaltigkeitsteam gründen

2 Leistungsfaktoren ermitteln und Prioritäten setzen

3 Umwelteinfluss von Produktionsprozessen und Materialien messen

CO$_2$-Reduktion

Energieeffizienz

Transportrouten verkürzen

Grüne Energie

Produktion verringern

Lokale Produktion

Einsparen von Rohstoffen

Qualität statt Quantität

Verpackungen verringern

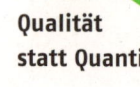

Schnell nachwachsende Rohstoffe verwenden

Recycling verbessern

2019

Das Ende des Wirt-schaftswachstums einleiten und damit »grüne Effizienz« und Stabilität erzeugen.

ZIEL 2050

1

7

Handeln, um Effizienz und Nachhaltigkeit zu steigern

6

Die gemessenen Resultate verstehen und interpretieren, Trends erkennen

5

Beurteilung der Produkte: Recycling, Energiebilanz und Nachhaltigkeit

4

Produktionsablauf bewerten: Energie-effizienz und Emissionen messen

Emissionshandel verstehen

Beispiel: Unternehmen A und B aus der Energie-wirtschaft und energieintensiven Industrie müssen beide laut Gesetz 10.000 t CO_2 einsparen. Entweder sie kaufen Berechtigungen für 7 Euro pro Tonne, oder sie verbessern ihre Anlage durch Investitionen in die Sanierung zur CO_2-Reduktion. Moderne Anla-gen können sogar einen Berechtigungsüberschuss haben (wenn sie mehr CO_2 einsparen als vorgegeben), den sie gewinnbringend verkaufen können.

1 **Für Unternehmen A** ist es günstiger, 60.000 Euro in Sanierungen zu investieren, um die CO_2-Einsparungen zu erreichen. Somit kostet die vermiede-ne Tonne CO_2 sie nur 6 Euro.

2 **Für Unternehmen B** ist es günstiger, die Berechtigungen für 70.000 Euro (7 €/t) von der Energiebörse zu kaufen, als z. B. für 80.000 Euro zu sanieren.

Agrarwende als Chance

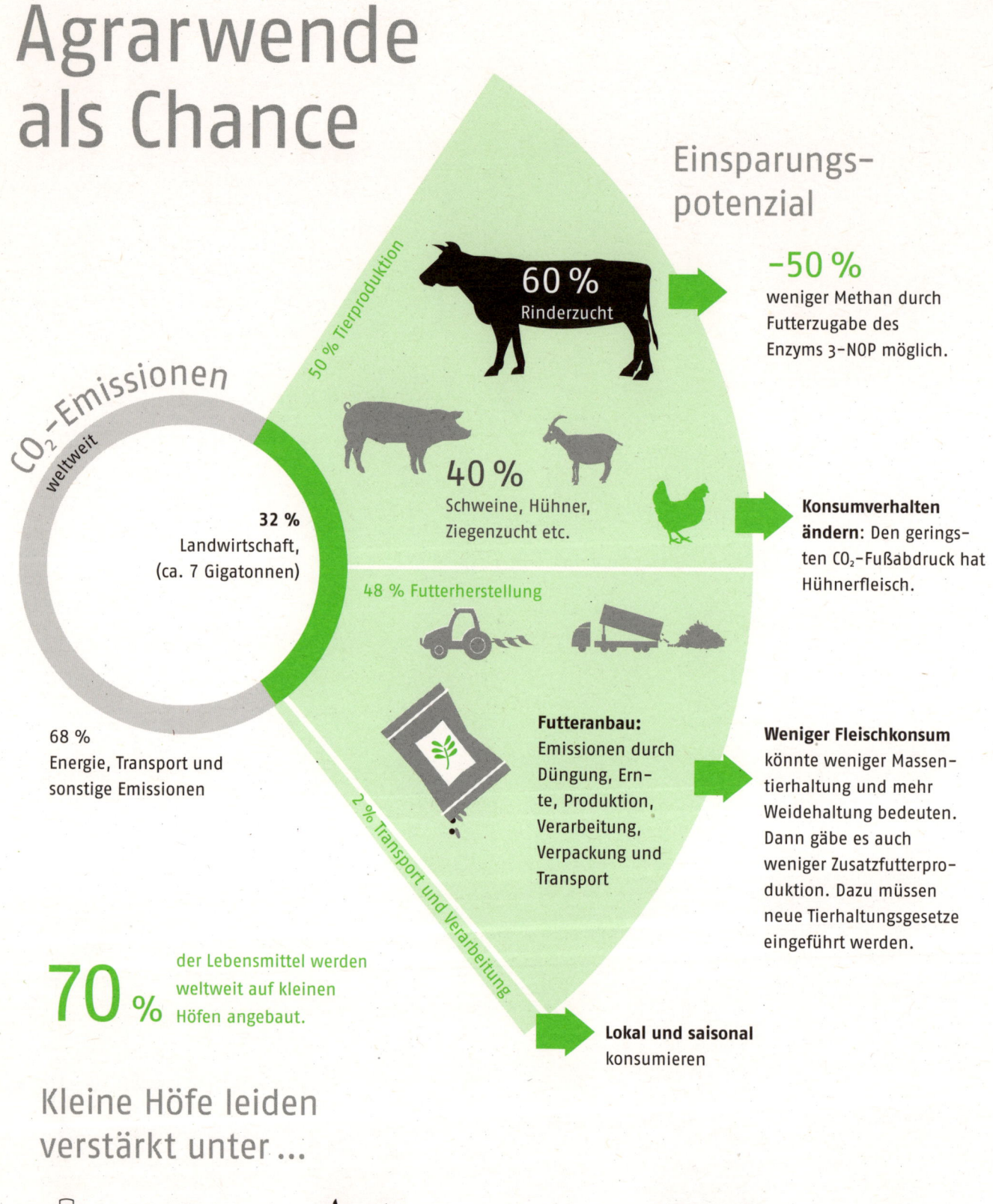

Einsparungspotenzial

CO₂-Emissionen weltweit

50 % Tierproduktion

60 % Rinderzucht

40 % Schweine, Hühner, Ziegenzucht etc.

48 % Futterherstellung

32 % Landwirtschaft, (ca. 7 Gigatonnen)

68 % Energie, Transport und sonstige Emissionen

2 % Transport und Verarbeitung

Futteranbau: Emissionen durch Düngung, Ernte, Produktion, Verarbeitung, Verpackung und Transport

–50 % weniger Methan durch Futterzugabe des Enzyms 3-NOP möglich.

Konsumverhalten ändern: Den geringsten CO₂-Fußabdruck hat Hühnerfleisch.

Weniger Fleischkonsum könnte weniger Massentierhaltung und mehr Weidehaltung bedeuten. Dann gäbe es auch weniger Zusatzfutterproduktion. Dazu müssen neue Tierhaltungsgesetze eingeführt werden.

70 % der Lebensmittel werden weltweit auf kleinen Höfen angebaut.

Lokal und saisonal konsumieren

Kleine Höfe leiden verstärkt unter ...

| Hitze | Dürren | Waldbränden | Überflutungen | Starkregen + Unwetter | Krankheiten |

Quellen: Gerber et al. (2013), Guégan & Léger (2015), Thornton et al. (2018), De Ramon N'Yeurt (2012)

Gefährdung der Nahrungsmittelsicherheit

–20 %
weniger Ernteertrag bis
2050 für Sorten wie Mais
in Afrika

Anpassung der Agrartechniken

Weniger Düngemittel
= weniger Nitrogen-
emissionen, bei gleich-
bleibendem Ernteertrag

–50 %

**KLIMASCHUTZ
& HÖHERE
PRODUKTIVITÄT**

Gesunde Böden sind
CO_2-Speicher. Durch
geringeren Einsatz von
Maschinen und
weniger Düngung
bleibt die Humus-
schicht erhalten.

**Selektion in der
Zucht:** z. B. hitzere-
sistentere Unterarten
züchten.

Selektion der Sorten:
parasiten-, feuch-
tigkeits-, hitze- und
dürreresistente Sorten
züchten.

**Permakultur und
Mischkultur:** Durch
Vielfalt sind die
Böden gesünder,
feuchter und dürre-
resistenter.

Umstellung auf ange-
passte Nutztierarten
oder Aquakulturen bei
Bodenversalzung

Kelpwälder können als
Nahrungsquelle und
Biodiesel dienen: Wenn
auf 9 % der Ozeanfläche
Kelp angebaut würde,
könnte das den Weltbe-
darf an fossilen Brenn-
stoffen ersetzen und
53 Milliarden Tonnen CO_2
aus der Luft ziehen.

3–4 x
höherer Ertrag pro m²
durch den Anbau in
Permakultur

Wir brauchen eine Transportwende

Restriktionen für Frachtflugzeuge müssen erarbeitet werden, Kerosin müsste weltweit mit einer seinen Emissionen angemessenen Klimaabgabe belegt werden.

① Transportemissionen
weltweit, inklusive Personenverkehr

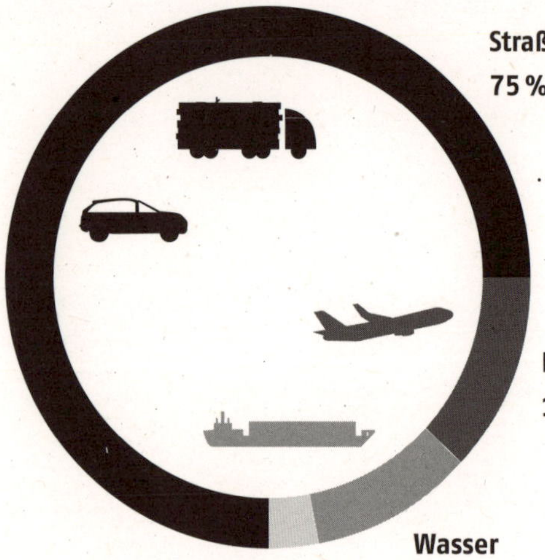

Straße
75 % (5,9 Gt CO_2)

Luft
12 % (0,9 Gt CO_2)

Wasser
10 % (0,8 Gt CO_2)

Weitere
3 % (0,2 Gt CO_2)

Cargo-flugzeug

602

CO_2

— 600

— 500

— 400

— 300

— 200

— 100

② Frachtemissionen im Detail
in gr CO_2 pro Tonne und km

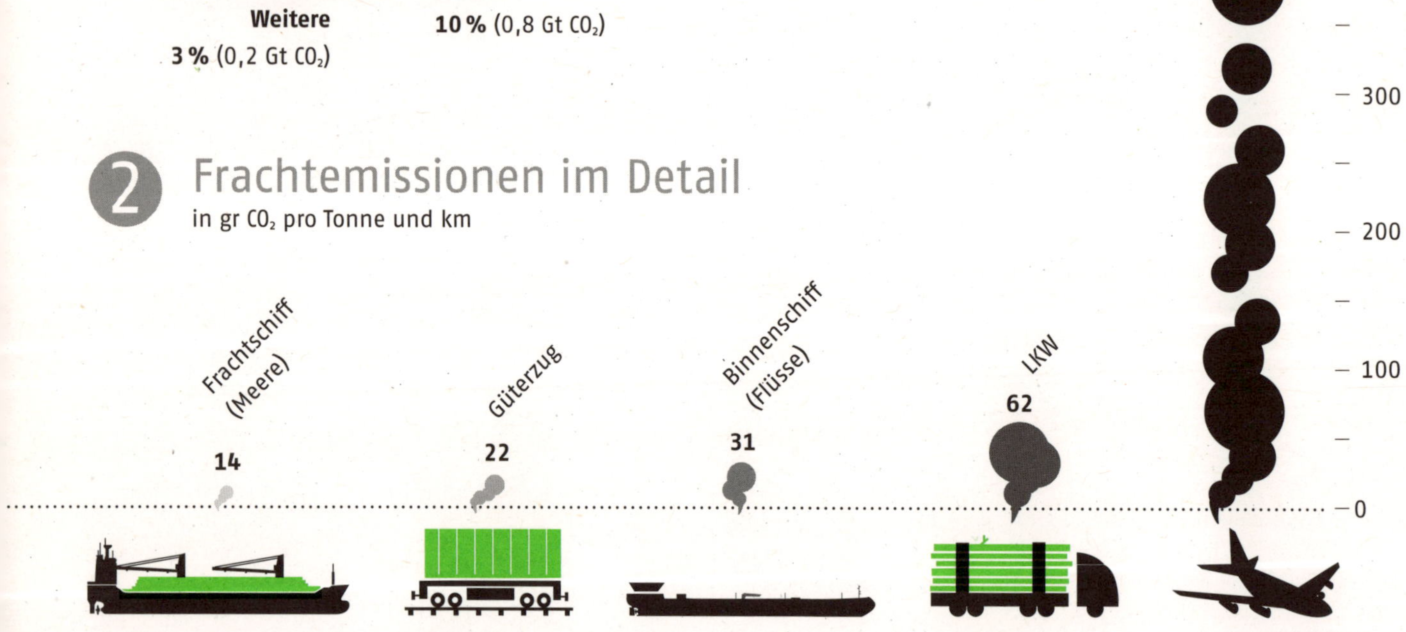

Frachtschiff (Meere)
14

Güterzug
22

Binnenschiff (Flüsse)
31

LKW
62

— 0

+71 % höhere Emissionen im Transportsektor seit 1990

50 % der Frachtemissionen weltweit werden durch LKWs verursacht.

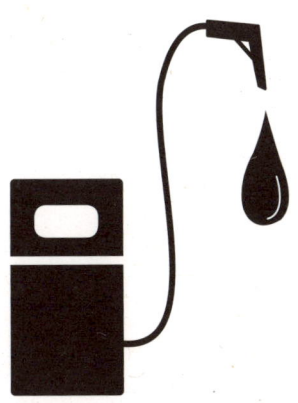

Bis 2050 muss die Erdölabhängigkeit im Transportwesen drastisch reduziert werden, um das 2-°C-Ziel zu erreichen.

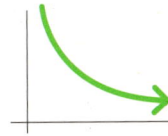 

2050

Große Städte müssen radfreundlicher werden, besonders in Asien fehlen Radwege und die entsprechende Infrastruktur.

Der Transportsektor ist der schnellstwachsende Verursacher von CO_2-Emissionen weltweit. Dadurch hat er auch das beste Einsparpotenzial und ist somit eine der obersten Prioritäten für den Klimaschutz: 23 % der globalen Treibhausgase werden beim Transport emittiert. Dieser Wert steigt momentan um 2,5 % pro Jahr. Den rasantesten Anstieg seit 1990 hat dabei China zu verbuchen.

Im Frachtsektor wird bis 2050 mit bis zu 4-mal höherem Warentransport und Emissionen gerechnet im Verhältnis zum Jahr 2010. Gravierend für das Klima ist der Luftfracht- und Personenluftverkehr; ihn auf ein Minimum einzuschränken sollte oberstes Gebot der Weltpolitik sein.

Der Nahverker muss ausgebaut werden und sollte kostenlos angeboten werden, um die Anzahl der Autos in den Städten zu reduzieren.

Elektro-LKWs wie der »FUSO eCanter« von Daimler sind bereits auf der Straße und werden ab 2019 in größerer Serie produziert.

5,2 Mio.

E-Autos fahren weltweit bislang auf den Straßen (2018), Tendenz steigend.

Die meisten Elektroautos fahren zurzeit in China, gefolgt von Europa und den USA. Allerdings sind deren Akkus in der Herstellung sehr energie- und ressourcenintensiv.

Quellen: OECD (2018), IEA (2017)

Weltkarte des 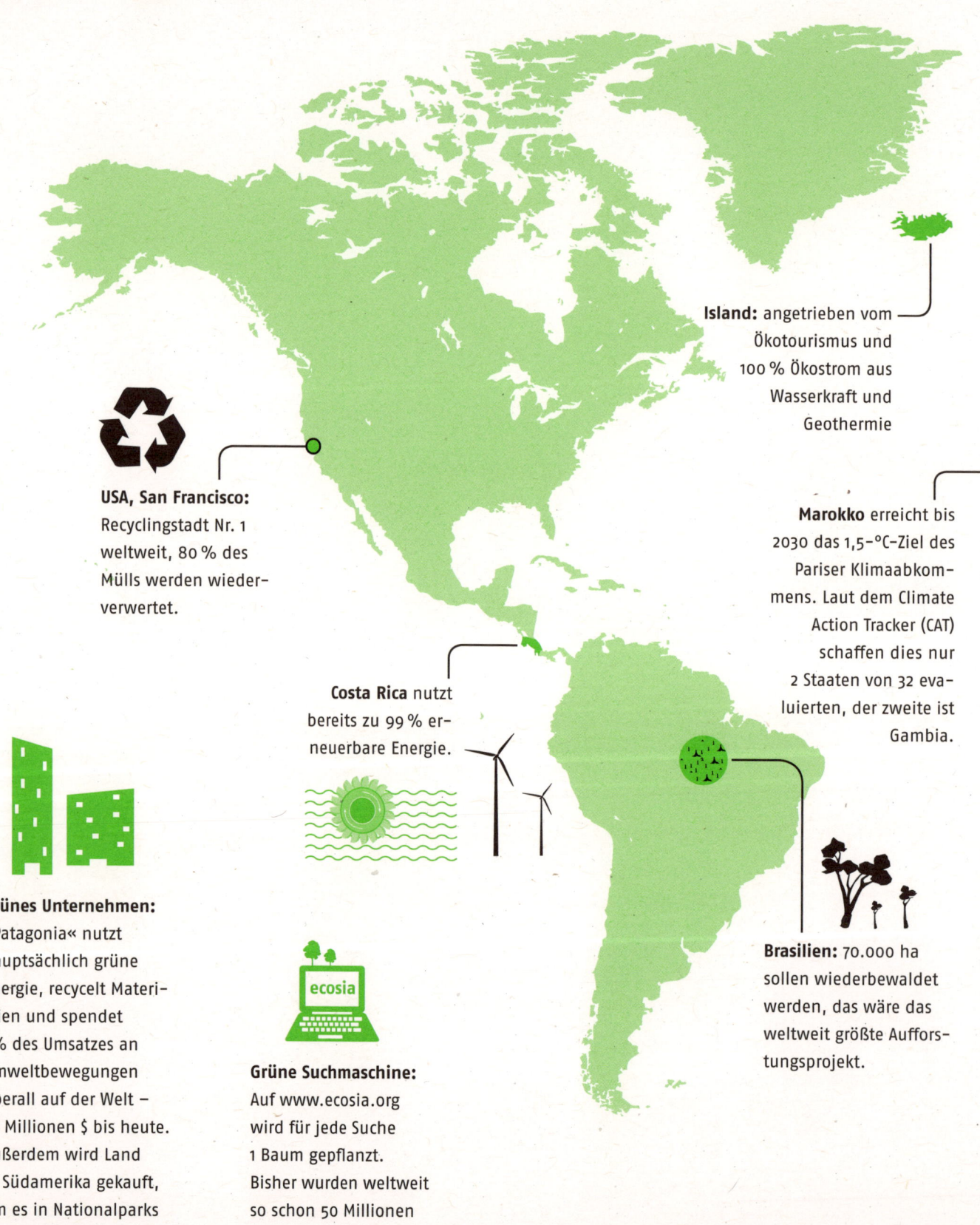 Wandels

Island: angetrieben vom Ökotourismus und 100 % Ökostrom aus Wasserkraft und Geothermie

USA, San Francisco: Recyclingstadt Nr. 1 weltweit, 80 % des Mülls werden wiederverwertet.

Marokko erreicht bis 2030 das 1,5-°C-Ziel des Pariser Klimaabkommens. Laut dem Climate Action Tracker (CAT) schaffen dies nur 2 Staaten von 32 evaluierten, der zweite ist Gambia.

Costa Rica nutzt bereits zu 99 % erneuerbare Energie.

Grünes Unternehmen: »Patagonia« nutzt hauptsächlich grüne Energie, recycelt Materialien und spendet 1 % des Umsatzes an Umweltbewegungen überall auf der Welt – 70 Millionen $ bis heute. Außerdem wird Land in Südamerika gekauft, um es in Nationalparks umzuwandeln.

Grüne Suchmaschine: Auf www.ecosia.org wird für jede Suche 1 Baum gepflanzt. Bisher wurden weltweit so schon 50 Millionen Bäume gepflanzt.

Brasilien: 70.000 ha sollen wiederbewaldet werden, das wäre das weltweit größte Aufforstungsprojekt.

Norwegen: Ab 2025 werden alle norwegischen Innenstädte per Gesetz autofrei sein.

England: Totnes ist die erste Stadt weltweit, die sich in der Transition hin zu einer klimafreundlicheren Stadt und Wirtschaft befindet.

China: weltweit höchste Kapazität an Solar- und Windkraftanlagen sowie das bislang größte Wiederaufforstungsprojekt: 28 Millionen Hektar.

Dänemark, Kopenhagen: 41 % der Einwohner fahren mit dem Fahrrad zur Arbeit.

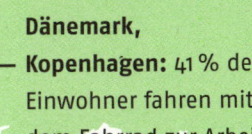

Niederlande: weltweit führend bei der Fahrradinfrastruktur. Die Stadt Houten (35.000 Einwohner) ist autofrei, viele Innenstädte ebenfalls.

Afrika: Die »Great Green Wall«, ein 8000 km langer und 15 km breiter Waldgürtel, wird seit 2007 gepflanzt.

Indien ist weltweit Vorreiter im Ausbau erneuerbarer Energien.

Gambia: ist eines der wenigen Entwicklungsländer mit sehr strikten Klimazielen und wird laut CAT durch Wiederaufforstung und den Ausbau der Solarenergie alle Auflagen des Pariser Klimaabkommens erfüllen.

Australien: Der Wandel geht von der Bevölkerung aus: 20 % der Haushalte haben Solaranlagen auf ihren Dächern installiert. Das steht in krassem Gegensatz zum Anteil der nicht privaten Einrichtung und Nutzung von Solareneergie. Dieser beträgt nämlich gerade einmal 0,1 %.

Quellen: CEC (2018), CAT (2018), CA (2015), CE (2017), CV (2018), GGW (2018), Hopkins et al. (2016), NEA (2018), PA (2018), SFE (2018)

Persönlicher Wandel

Tonnen CO$_2$ pro Jahr + Bereich

2,6

①

Strom und Gas aus fossilen Energieträgern, veraltetes Heizsystem, 2-Personen-Haushalt mit 100 m²

②

Ein großer Diesel-SUV für jede Distanz und ca. 10.000 km Fahrstrecke pro Jahr

3,0

③

Zwei Flugreisen pro Jahr, eine Kurzstrecke und ein Transkontinentalflug

4,5

2,0

④

Lebensmittel: oft von Übersee, nicht saisonal, fleischbetonte Kost

4,5

Weiterer Konsum: durchschnittlich hoch, inklusive Onlinebestellungen

Quelle: UBA (2019)

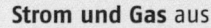

Strom und Gas aus erneuerbaren Energien, entweder durch den Wechsel zu Ökostromanbietern oder die Installation einer Solaranlage. Effizientes, modernes Heizsystem im Niedrigenergiehaus mit wenig ungenutzer Fläche.

Tonnen CO$_2$ pro Jahr * Bereich

0,2

0,5–1

1 Kleinwagen mit LPG-Gas oder E-Auto (7000 km pro Jahr) und kurze Strecken mit dem Rad

0,2

Urlaubsreisen mit der Bahn (4000 km pro Jahr) oder dem Fernbus (2000 km)

1,0

1,1

Weiterer Konsum: sparsam, langlebige Produkte, häufiger Kauf von Gebrauchtwaren und in lokalen Geschäften statt online

Lebensmittel aus der Region und saisonal, manchmal bio, vegetarische Kost

Berechne deinen Fußabdruck und setze dir Ziele:
http://www.uba.co2-rechner.de

Der Klimaschutz beginnt zu Hause

Die Weltpolitik ist ein träger Apparat. Deshalb kommt es auf jeden Einzelnen an. Werde selbst zum aktiven Klimaschützer! Hier kommen ein paar Tipps, um den persönlichen CO_2-Fußabdruck zu verringern oder auf anderem Weg aktiv zum Klimaschutz beizutragen.

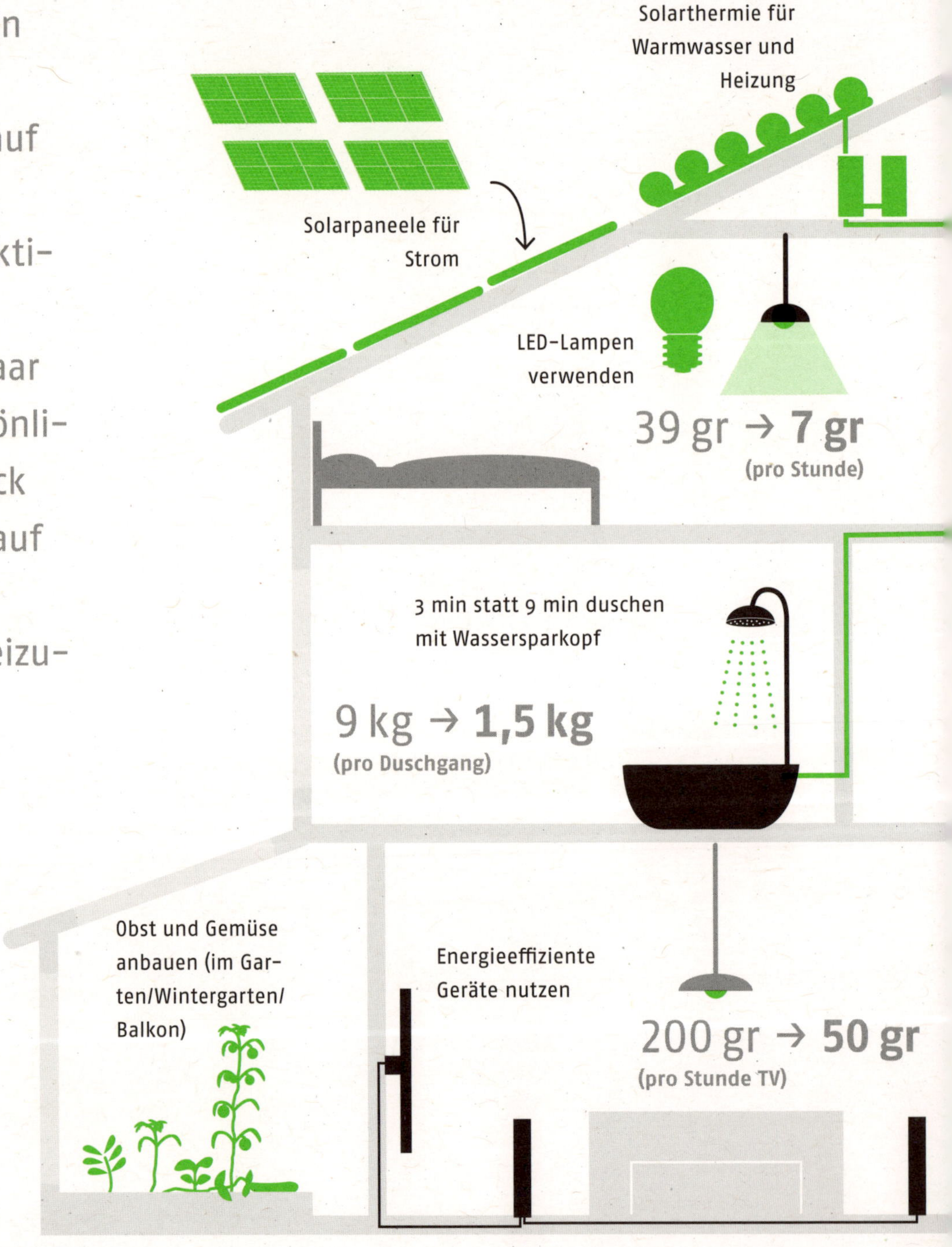

Solarthermie für Warmwasser und Heizung

Solarpaneele für Strom

LED-Lampen verwenden

39 gr → **7 gr**
(pro Stunde)

3 min statt 9 min duschen mit Wassersparkopf

9 kg → **1,5 kg**
(pro Duschgang)

Obst und Gemüse anbauen (im Garten/Wintergarten/ Balkon)

Energieeffiziente Geräte nutzen

200 gr → **50 gr**
(pro Stunde TV)

Auf Klimaschutzdemos Präsenz zeigen

Quellen: UBA (2019), www.stromauskunft.de

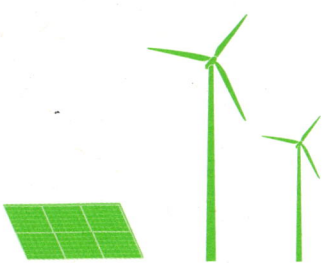

Zum Ökostromanbieter wechseln 0,76 t → **0,05 t**

1,64 t → **0,13 t**
(pro Jahr)

Effizient
heizen und lüften

Fassade und Dach
dämmen und
Isolierfenster
einbauen

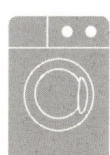 Die Wäsche bei 30°
statt 90° waschen

1060 gr → **260 gr**
(pro Waschgang)

Recyclingpapier
verwenden und beid-
seitig beschreiben

Wäsche luft-
trocknen statt
im Trockner

3700 gr → **0 gr**
(pro Trocknernutzung)

7,8 kg → **2,4 kg**
(pro Jahr)

Kühl- und Gefrier-
schrank auf
wärmerer Stufe

Fleisch- und fisch-
arme Kost bevorzugen

1,74 t → **1,37 t**
(pro Jahr)

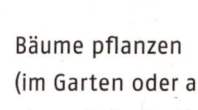

Leitungswasser
trinken

Grillen mit Kohle
vermeiden

Bäume pflanzen
(im Garten oder auf
einem Grünstreifen)

Grüne Städte und Mobilität

Flüge vermeiden
oder kompensieren,
z. B. über atmosfair

Carsharing
nutzen, zu viert
im Kleinwagen

1,6 t → **0,4 t**
(pro 10.000 km)

Langstrecken:
Bahn fahren
statt Auto

1,6 t → **1,1 t**
(pro 10.000 km)

Quelle: https://calculator.carbonfootprint.com

4,5 t → **0 t** Wander- oder
Radurlaub statt
zwei Flugreisen
pro Jahr

Regionalbahn zum
Pendeln statt Klein-
wagen (Benziner)

1,6 t → **0,4 t**
(pro 10.000 km)

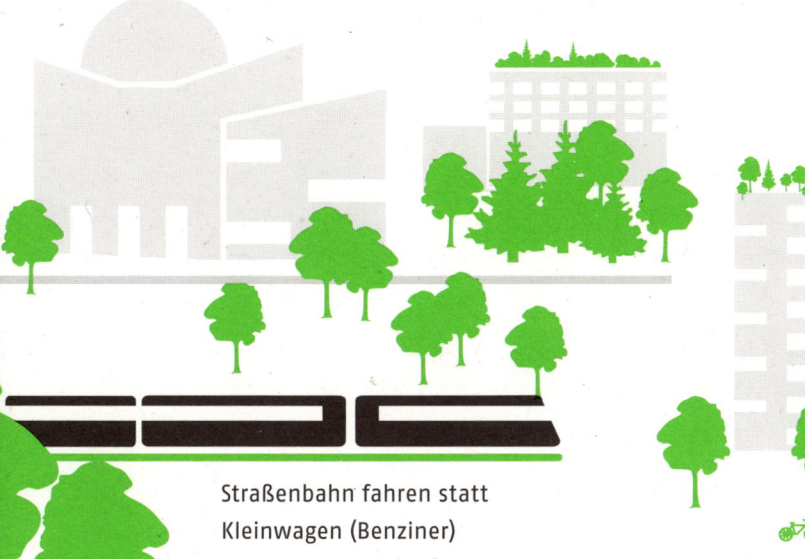

Straßenbahn fahren statt
Kleinwagen (Benziner)

1,6 t → **0,4 t**
(pro 10.000 km)

Auf Kurzstrecken
Fahrrad fahren

Bus fahren statt
Kleinwagen (Benziner)

1,6 t → **1,0 t**
(pro 10.000 km)

E-Auto fahren statt
großen Diesel-PKW

4 t → **0,5 t**
(pro 10.000 km)

1–2 km zu
Fuß gehen

Nachhaltig konsumieren

Reduzierter Verpackungsmüll

Zero Waste anstreben

Nahrungsmittel aus der Region kaufen

Produkte, die Palmöl enthalten, vermeiden s. S. 53

Saisonale und Biolebensmittel bevorzugen

Fleischkonsum reduzieren

Heimische Hölzer statt Tropenholz kaufen

Beim Kauf auf Lang-
lebigkeit achten

Verzicht üben und
Konsum reduzieren

nicht!

So viel wie möglich
gebraucht kaufen

Qualität anstatt
Quantität bevorzu-
gen, besonders bei
Kleidung

Weniger Elektro-
geräte kaufen, nach
manuellen Alternati-
ven suchen

Zu einer
umweltfreundlichen
Bank wechseln

AAA+

Kleine und energieef-
fiziente Elektrogeräte
bevorzugen

»

Wenn die Verbrennung
von fossilen Brennstoffen so weitergeht,
wird die Bürde für künftige
Generationen zu groß.
Die junge Generation hat das Potenzial,
das Schicksal der Welt zu verändern.
Unterschätzt es nicht!

«

Prof. Dr. James Hansen,
ehem. Direktor der NASA,
Columbia University Earth Institute

Quellen

Seiten	Quellenangaben

008 | 009   Deutscher Wetterdienst (DWD) (2018): Klimawandel – ein Überblick.
https://www.dwd.de/DE/klimaumwelt/klimawandel/ueberblick/ueberblick_node.html (20.05.2019)

IPCC (2014): Synthesis Report, Fifth Assessment Report. https://www.ipcc.ch/report/ar5/syr/ (20.05.2019)

Rahmstorf, S. (2013): Wie funktioniert eigentlich der Treibhauseffekt?
http://www.pik-potsdam.de/~stefan/leser_antworten.html (20.05.2019)

Riedel, E. Janiak, C. (2015): Anorganische Chemie. De Gruyter Studium.

012 | 013   Buchal, C., Schönwiese, C. D. (2011): Klima – Die Erde und ihre Atmosphäre im Wandel der Zeiten.
https://www.boensel-ess-darmstadt.de/files/Ph_Q3/klima_2011-heraeus.pdf (20.05.2019)

014 | 015   IPCC (2014): Synthesis Report, Fifth Assessment Report. https://www.ipcc.ch/report/ar5/syr/ (20.05.2019)

Le Quéré, C., et al. (2012): The global carbon budget 1959–2011.
https://www.earth-syst-sci-data-discuss.net/5/1107/2012/essdd-5-1107-2012.pdf (20.05.2019)

Maribus (2010): World Ocean Review –Living with the oceans. https://worldoceanreview.com/en/wor-1/ (20.05.2019)

World Resources Institute (WRI) (2018): Global Forest Watch https://www.globalforestwatch.org (20.05.2019)

016 | 017   Boden, T. A., Marland, G., Andres, R. J. (2017): Global, Regional, and National Fossil-Fuel CO_2 Emissions. Oak Ridge National Laboratory (ORNL), Oak Ridge, TN (United States) DOI: 10.3334/CDIAC/00001_V2017.
https://www.osti.gov/dataexplorer/biblio/1389331-global-regional-national-fossil-fuel-co2-emissions (20.05.2019)

BP (2018): Statistical Review of World Energy. http://www.bp.com/en/global/corporate/energy-economics.html (20.05.2019)

UNFCCC (2018): National Inventory Submissions 2018. United Nations Framework Convention on Climate Change.
https://unfccc.int/national_reports/annex_i_ghg_inventories/national_inventories_submissions/items/10566.php (20.05.2019)

018 | 019   IPCC (2018): Global warming of 1.5°C. IPCC Special Report. https://www.ipcc.ch/sr15/ (20.05.2019)

Trenberth, K. E., Fasullo, J. T. (2016): Insights into Earth's Energy Imbalance from Multiple Sources.
National Center for Atmospheric Research, Boulder, Colorado. https://doi.org/10.1175/JCLI-D-16-0339.1 (20.05.2019)

020 | 021   Cheng, L., Abraha, J., Hausfather, Z., Trenberth, K. E. (2019): How fast are the oceans warming? Science, 11.01.2019: Vol. 363, Issue 6423, DOI: 10.1126/science.aav7619. https://science.sciencemag.org/content/363/6423/128 (20.05.2019)

EPA (2016): Climate Change Indicators in the United States: Ocean Heat.
https://www.epa.gov/climate-indicators/downloads-indicators-report (20.05.2019)

Gleckler, P. J. et al. (2016): Industrial-era global ocean heat uptake doubles in recent decades. Nature Climate Change volume 6, pages 394–398 (2016). https://www.nature.com/articles/nclimate2915 (20.05.2019)

Resplandy, L., et al. (2018): Quantification of ocean heat uptake from changes in atmospheric O2 and CO2 composition.
Nature 563, 105–108 (2018). https://www.nature.com/articles/s41586-018-0651-8 (20.05.2019)

IPCC (2013): Climate Change 2013: The Physical Science Basis. http://www.ipcc.ch/report/ar5/wg1/ (20.05.2019)

022 | 023   Kriegler, E., Hall, J. W., Held, H., Dawson, R., Schellnhuber, H. J. (2009): Imprecise probability
assessment of tipping points in the climate system. http://www.ncbi.nlm.nih.gov/pmc/articles/PMC2657590 (20.05.2019)

028 | 029   IPCC (2014): Synthesis Report, Fifth Assessment Report. https://www.ipcc.ch/report/ar5/syr/ (20.05.2019)

Umweltbundesamt (UBA) (2018): Die Treibhausgase. https://www.umweltbundesamt.de/themen/klima-energie/klimaschutz-energiepolitik-in-deutschland/treibhausgas-emissionen/die-treibhausgase (20.05.2019)

030 | 031   NOAA (2018): Full Mauna Loa CO2 record. https://www.esrl.noaa.gov/gmd/ccgg/trends/full.html (20.05.2019)

UN (2013): World Population Prospects: The 2012 Revision. New York.
https://population.un.org/wpp/Publications/Files/WPP2012_highlights.pdf (20.05.2019)

UN (2018): World Population Prospects 2017. https://population.un.org/wpp/Graphs/ (20.05.2019)

032 | 033 Boden, T. A., Marland, G., Andres, R. J. (2017): Global, Regional, and National Fossil-Fuel CO2 Emissions. Oak Ridge National Laboratory (ORNL), Oak Ridge, TN (United States) DOI: 10.3334/CDIAC/00001_V2017. https://www.osti.gov/dataexplorer/biblio/ 1389331-global-regional-national-fossil-fuel-co2-emissions (20.05.2019)

BP (2018): Statistical Review of World Energy. http://www.bp.com/en/global/corporate/energy-economics.html (20.05.2019)

Europäische Kommission (EC) (2015): Pariser Übereinkommen.
https://ec.europa.eu/clima/policies/international/negotiations/paris_de (20.05.2019)

Umweltbundesamt (UBA) (2019): Treibhausgasemissionen in Deutschland 2018 nach Gas und Kategorie.
https://www.bmu.de/fileadmin/Daten_BMU/Download_PDF/Klimaschutz/pi-thg_abbildungen_bf.pdf (20.05.2019)

UNFCCC (2018): National Inventory Submissions 2018. United Nations Framework Convention on Climate Change.
http://unfccc.int/process/transparency-and-reporting/reporting-and-review-under-the-convention/greenhouse-gas-invento-ries-annex-i-parties/national-inventory-submissions-2018; accessed June 2018. (20.05.2019)

034 | 035 Boden, T. A., Marland, G., Andres, R. J. (2017): Global, Regional, and National Fossil-Fuel CO2 Emissions. Oak Ridge National Laboratory (ORNL), Oak Ridge, TN (United States) DOI: 10.3334/CDIAC/00001_V2017. https://www.osti.gov/dataexplorer/biblio/ 1389331-global-regional-national-fossil-fuel-co2-emissions (20.05.2019)

BP (2018): Statistical Review of World Energy. http://www.bp.com/en/global/corporate/energy-economics.html (20.05.2019)

Frank, C., LeFevre, E. (2011): McGraw-Hill Companies Inc. Coal-fired Power Plants of the People's Republic of China. http://www. esri.com/mapmuseum/mapbook_gallery/volume26/pdf/mapbook26_104.pdf (20.05.2019)

International Energy Agency (IEA) (2017): World Energy Outlook 2017: China https://www.iea.org/weo/china https://www.irena. org/-/media/Files/IRENA/Agency/Publication/2019/Mar/IRENA_RE_Capacity_Statistics_2019.pdf

Global Wind Energy Coucil (GWEC) (2018): The Evolution of Wind Power. Interactive map
http://gwec.net/global-figures/interactive-map (20.05.2019)

IRENA (2019): Renewable Energy Statistics 2019, The International Renewable Energy Agency, Abu Dhabi.
https://www.irena.org/-/media/Files/IRENA/Agency/Publication/2019/Mar/IRENA_RE_Capacity_Statistics_2019.pdf (15.07.2019)

UNFCCC (2018): CAIT Climate Data Explorer. https://www.climatewatchdata.org/countries/CHN (20.05.2019)

036 | 037 Davis, S. J., Caldeira, K. (2010): Consumption-based accounting of CO2 emissions.
http://www.pnas.org/content/107/12/5687.full.pdf+html (20.05.2019)

Peters, G. P., Minx, J. C., Weber, C. L., Edenhofer, O. (2014): Growth in emission transfers via international trade from 1990 to 2008 Proceedings of the National Academy of Sciences 108, 8903-8908. https://www.pnas.org/content/108/21/8903 (20.05.2019)

U.S. Energy Information Administration (EIA) (2018): U.S. energy-related carbon dioxide (CO2) emissions
https://www.eia.gov/todayinenergy/detail.php?id=36953 (20.05.2019)

038 | 039 Boden, T. A., Marland, G., Andres, R. J. (2017): Global, Regional, and National Fossil-Fuel CO2 Emissions. Oak Ridge National Laboratory (ORNL), Oak Ridge, TN (United States) DOI: 10.3334/CDIAC/00001_V2017. https://www.osti.gov/dataexplorer/biblio/ 1389331-global-regional-national-fossil-fuel-co2-emissions (20.05.2019)

BP (2018): Statistical Review of World Energy. http://www.bp.com/en/global/corporate/energy-economics.html (20.05.2019)

Europäische Kommission (EC) (2015): Pariser Übereinkommen.
https://ec.europa.eu/clima/policies/international/negotiations/paris_de (20.05.2019)

UNFCCC (2018): National Inventory Submissions 2018. United Nations Framework Convention on Climate Change.
http://unfccc.int/process/transparency-and-reporting/reporting-and-review-under-the-convention/greenhouse-gas-invento-ries-annex-i-parties/national-inventory-submissions-2018; accessed June 2018. (20.05.2019)

Wiedmann, T., Wood, R., Lenzen, M., Minx, J., Guan, D., Barrett, J. (2010): The carbon footprint of the UK - Results from a Multi-Region Input-Output model. Economic Systems Research 22, 19-42. https://www.researchgate.net/publication/227611940_A_Carbon_Footprint_Time_Series_of_the_UK-Results_from_a_Multi Region_Input-Output_Model (20.05.2019)

040 | 041 Ezeah, C., Fazakerley, J., Byrne, T. (2015): Tourism Waste Management in the European Union: Lessons Learned from Four Popular EU Tourist Destinations. American Journal of Climate Change. http://dx.doi.org/10.4236/ajcc.2015.45035 (20.05.2019)

Lenzen, M., Sun, Y. Y., Faturay, F., Ting, Y. P., Geschke, A., Malik, A. (2018): The carbon footprint of global tourism. Nature Climate Change. https://doi.org/10.1038/s41558-018-0141-x (20.05.2019)

Quellen

atmosfair (2018): CO2-Rechner https://www.atmosfair.de/de/kompensieren/flug (20.05.2019)

042 | 043 Belkhir, L., Elmeligi, A. (2018): Assessing ICT global emissions footprint: Trends to 2040 & recommendations. Journal of Cleaner Production. http://www.electronicsilentspring.com/wp-content/uploads/2015/02/ICT-Global-Emissions-Footprint-Online-version.pdf (20.05.2019)

London South Bank University (LSBU) (2018): Changing behaviour to create low impact data centres. https://www.lsbu.ac.uk/stories/changing-behaviour-for-low-impact-data-centres (20.05.2019)

McAfee (2009): The Carbon Footprint of Email Spam Report. http://www.mclellanwritingteam.com/files/mcafee_report_carbon_footprint_of_email.pdf (20.05.2019)

Mora, C., Rollins, R. L., Taladay, K., Kantar, M. B., Chock, M. K., Shimada, M., Franklin, E. C. (2018): Bitcoin emissions alone could push global warming above 2°C. Nature Climate Change volume 8, pages 931–933. https://www.nature.com/articles/s41558-018-0321-8 (20.05.2019)

Shehabi, A., Smith, S. J., Horner, N., Azevedo, I., Brown, R., Koomey, J., Masanet, E., Sartor, D., Herrlin, M., Lintner, W. (2016): United States Data Center Energy Usage Report. Lawrence Berkeley National Laboratory, Berkeley, California. LBNL-1005775 https://ses.lbl.gov/publications/united-states-data-center-energy (20.05.2019)

Synergy Research Group (SRG) (2017): Hyperscale Data Center Count Approaches the 400 Mark; US Still Dominates. https://www.srgresearch.com/articles/hyperscale-data-center-count-approaches-400-mark-us-still-dominates (20.05.2019)

Whitehead, B., Andrews, D., Shah, A., Maidment, G. (2014): Assessing the environmental impact of data centres part 1: Background, energy use and metrics. Building and Environment Volume 82, December 2014, Pages 151-159 https://doi.org/10.1016/j.buildenv.2014.08.021 (20.05.2019)

044 | 045 Airports Council International (ACI) (2018): Statistics: World Airport Traffic 2018. https://aci.aero/news/2018/09/20/aci-world-publishes-annual-world-airport-traffic-report/ (20.05.2019)

American Association of Port Authorities (AAPA) (2016): World Port Rankings 2016. http://aapa.files.cms-plus.com/Statistics/WORLD%20PORT%20RANKINGS%202016.xlsx (20.05.2019)

U.S. Department of Transportation, Bureau of Transportation Statistics (RITA) (2018): Transportation Statistics Annual Report 2018 https://www.bts.gov/tsar (20.05.2019)

046 | 047 Cuypers, D., Peters, G., Prieler, S., Geerken, T., Karstensen, J., Fisher, G., Gorissen, L., Hizsnyik, E., Lust, A., Van Velthuizen, H. (2015): The impact of EU consumption on deforestation: Comprehensive analysis of the impact of EU consumption on deforestation. Europäische Union. DOI: 10.2779/822269.

Henders, S., Persson, U. M., Kastner, T. (2015): Trading forests: land-use change and carbon emissions embodied in production and exports of forest-risk commodities. Environmental Research Letters, Volume 10, Number 12 https://iopscience.iop.org/article/10.1088/1748-9326/10/12/125012/meta (20.05.2019)

048 | 049 Ernst, M., Lefebvre, P., Nepstad, D. (2007): Amazonia 2030. Infrastructure and Landcover. Amazon Scenarios. Woods Hole Research Center.

Garret, R. D., Valentim, J., Gil, J. (2015): Technology transfer: challenges and opportunities for the adoption of integrated crop-livestock-forestry systems in the Amazon. Aus dem Buch: Integrated crop-livestock-forestry systems: a Brazilian experience for sustainable farming, Embrapa.

Global Forest Watch (GFW) (2018): Interactive Map. http://www.globalforestwatch.org (20.05.2019)

Lovejoy, T. E., Nobre, C. (2018): Amazon Tipping Point. Sci. Adv. 4, eaat2340 (2018). https://www.researchgate.net/publication/323341184_Amazon_Tipping_Point (20.05.2019)

Nobre, C. A., Sampaiob, G., Bormac, L. S., Castilla-Rubiod, J. C., Silvae, J. S., Cardosoc, M. (2016): Land-use and climate change risks in the Amazon and the need of a novel sustainable development paradigm. PNAS, vol. 113, no. 39, 10759–10768. http://www.pnas.org/cgi/doi/10.1073/pnas.1605516113 (20.05.2019)

Rosa, I. M. D., Smith, M. J., Wearn, O. R., Purves, D., Ewers, R. M. (2016): The Environmental Legacy of Modern Tropical Deforestation. Current Biology. https://www.cell.com/current-biology/pdf/S0960-9822(16)30625-X.pdf (20.05.2019)

050 | 051 Hubbs, T., Irwin, S., Good, D. (2017): Assessing Brazilian Soybean Yield Risks: Historical Deviations from Trend. Department of Agricultural and Consumer Economics University of Illinois. farmdoc daily (7):5. https://farmdocdaily.illinois.edu/2017/01/assessing-brazilian-soybean-yield-risks.html (20.05.2019)

United States Department of Agriculture (USDA) (2017): Planting of Summer Crops Begins in Brazil. Commodity Intelligence Report. https://ipad.fas.usda.gov/highlights/2017/09/Brazil/index.htm (20.05.2019)

052 | 053 Hawighorst, P. (2015): Analyse des Palmölsektors in Deutschland. Meo Carbon Solutions.
https://www.forumpalmoel.org/imglib/downloads/Der%20Palmölmarkt%20in%20Deutschland%202013%20-%20Endbericht.pdf
(20.05.2019)

Hooijer, A., Page, S., Canadell, J. G., Silvius, M., Kwadijk, J., Wosten, H., Jauhiainen, J. (2010): Current and future CO2 emissions
from drained peatlands in Southeast Asia. https://helda.helsinki.fi/bitstream/handle/10138/29039/bg_7_1505_2010.pdf?sequence=2
(20.05.2019)

Page, S. E., Rieley, J. O., & Banks, C. J. (2011). Global and regional importance of the tropical peatland carbon pool. Global Change
Biology, 17(2), 798-818. https://doi.org/10.1111/j.1365-2486.2010.02279.x (20.05.2019)

Noleppa, S., Cartsburg, M. (2016): Palm Oil Report Germany. Searching for Alternatives. WWF Deutschland.
https://mobil.wwf.de/fileadmin/fm-wwf/Publikationen-PDF/WWF_Report_Palm_Oil_-_Searching_for_Alternatives.pdf (20.05.2019)

054 | 055 Chemnitz, C., Weigelt, J. (2015): Bodenatlas 2015 – Daten und Fakten über Acker, Land und Erde. Heinrich-Böll-Stiftung, Institute
for Advanced Sustainability Studies, Bund für Umwelt- und Naturschutz Deutschland und Le Monde diplomatique.
https://www.boell.de/de/bodenatlas (20.05.2019)

Bazyli, C., Kryszak, Ł. (2018): Impact of different models of agriculture on greenhouse gases (GHG) emissions:
A sectoral approach. https://doi.org/10.1177/0030727018759092 (20.05.2019)

Flessa, H., Don, A., Jacobs, A., Dechow, R., Tiemeyer, B., Poeplau, C. (2018): Humus in landwirtschaftlich genutzten Böden Deutschlands. Bundesministerium für Ernährungund Landwirtschaft (BMEL) und Thünen-Institut für Agrarklimaschutz. https://www.bmel.
de/SharedDocs/Downloads/Broschueren/Bodenzustandserhebung.pdf?__blob=publicationFile (20.05.2019)

Patzel, N., Wilhelm, B. (2018): Das Boden-Bulletin. Landbau in Zeiten der Erderhitzung. WWF Deutschland.

057 IPCC (2018): Global Warming of 1.5 °C. Report. Intergovernmental Panel on Climate Change, Geneva, Schweiz.
https://www.ipcc.ch/sr15/ (20.05.2019)

Malik, A., Lan, J. & Lenzen, M. (2016): Trends in global greenhouse gas emissions from 1990 to 2010. Environmental Science &
Technology 50, 4722–4730, doi:10.1021/acs.est.5b06162.

Norgaard, K. M. (2006): We don't really want to know. Organization & Environment 19, 347-370.

Norgaard, K. M. (2011): Living in denial - climate change, emotions, and everyday life. MIT Press.

060 | 061 Intelligence Community Assessment (ICA) (2012): Global Water Security.
https://www.dni.gov/files/documents/Special%20Report_ICA%20Global%20Water%20Security.pdf (20.05.2019)

Intergovernmental Science-Policy Platform on Biodiversity and Ecosystem Services (IPBES) (2018): Biodiversity and Nature's
Contributions Continue Dangerous Decline, Scientists Warn. https://www.ipbes.net/news/media-release-updated-biodiversity-
nature%E2%80%99s-contributions-continue-dangerous-decline-scientists (20.05.2019)

IPCC (2014): Synthesis Report, Fifth Assessment Report. https://www.ipcc.ch/report/ar5/syr/ (20.05.2019)

Kopp, R. E., DeConto, R. M., Bader, D. A., Hay, C. C., Horton, R. M., Kulp, S., Oppenheimer, M., Pollard, D., Strauss, B. H. (2017):
Evolving understanding of Antarctic Ice-Sheet physics and ambiguity in probabilistic sea-level projections. Earth's Future 5: 1217-
1233. https://agupubs.onlinelibrary.wiley.com/doi/full/10.1002/2017EF000663 (20.05.2019)

United Nations (UN) (2018): The United Nations World Water Development Report 2018. Nature-based solutions for Water. http://
www.unwater.org/world-water-development-report-2018-nature-based-solutions-for-water/ (20.05.2019)

The UN Refugee Agency (UNHCR) (2018): Figures at a Glance. http://www.unhcr.org/figures-at-a-glance.html (20.05.2019)
(20.02.2019)

Watts, R. J., Richter, B. D., Opperman, J. J., Bowmer, K. H. (2011): Dam reoperation in an era of climate change. CSIRO Publishing.
Marine and Freshwater Research, 2011, 62, 321–327. https://www.publish.csiro.au/MF/MF10047 (20.05.2019)

062 | 063 Guo, Y., et al. (2018): Quantifying excess deaths related to heatwaves under climate change scenarios: A multicountry time series
modelling study. https://doi.org/10.1371/journal.pmed.1002629 (20.05.2019)

Mora, C., et al. (2017): Global risk of deadly heat. Nature Climate Change, Vol 7, July 2017. DOI: 10.1038/NCLIMATE3322.
https://www.nature.com/articles/nclimate3322 (20.05.2019)

Nationel Oceanic and Atmospheric Administration (NOAA) (2019): Climate at a Glance: Global Time Series. National Centers for Environmental information. https://www.ncdc.noaa.gov/cag/ (20.05.2019)

Robine, J. M., Cheung, S. L. K., Le Roy, S., Van Oyen, H., Griffiths, C., Michel, J. P., Herrmann, F. R. (2008): Death toll exceeded
70,000 in Europe during the summer of 2003. Comptes Rendus Biologies

Volume 331, Issue 2, February 2008, Pages 171178. https://doi.org/10.1016/j.crvi.2007.12.001 (20.05.2019)

World Meteorological Organization (WMO) (2018): Summer sees heat and extreme weather.
https://public.wmo.int/en/media/news/summer-sees-heat-and-extreme-weather (20.05.2019)

064 | 065 National Snow and Ice Data Center (NSIDC) (2018): Charctic Interactive Sea Ice Graph.
https://nsidc.org/arcticseaicenews/charctic-interactive-sea-ice-graph/ (20.05.2019)

National Snow and Ice Data Center (NSIDC) (2018): Arctic sea ice at minimum extent for 2018.
https://nsidc.org/news/newsroom/arctic-sea-ice-2018-minimum-extent (20.05.2019)

Serreze, M. C., Barrett, A. P., Stroeve, J. (2012): Recent changes in tropospheric water vapor over the Arctic as assessed from radio-sondes and atmospheric reanalyses. J. Geophys. Res., 117, D10104. https://doi.org/10.1029/2011JD017421 (20.05.2019)

U. S. Global Change Research Program (USGCRP) (2017): Climate Science Special Report. Fourth National Climate Assessment, Volume I. Chapter 11: Arctic Changes and their Effects on Alaska and the Rest of the United States.
https://science2017.globalchange.gov/chapter/11/ (20.05.2019)

066 | 067 Fretwell, P., Pritchard, H. D., Vaughan, D. G., Bamber, J. L., et al. (2013): Bedmap2: improved ice bed, surface and thickness data-sets for Antarctica. The Cryosphere, 7, 375–393, 2013. http://www.the-cryosphere.net/7/375/2013 (20.05.2019)

Kopp, R. E., DeConto, R. M., Bader, D. A., Hay, C. C., Horton, R. M., Kulp, S., Oppenheimer, M., Pollard, D., Strauss, B. H. (2017): Evolving understanding of Antarctic Ice-Sheet physics and ambiguity in probabilistic sea-level projections. Earth's Future 5: 1217-1233. https://agupubs.onlinelibrary.wiley.com/doi/full/10.1002/2017EF000663 (20.05.2019)

National Snow and Ice Data Center (NSIDC) (2018): Greenland Surface Melt Extent. https://nsidc.org/greenland-today/greenland-surface-melt-extent-interactive-chart/ (20.05.2019)

Rignot, E., Jacobs, S., Mouginot, J., Scheuchl, B. (2013): Ice-Shelf Melting Around Antarctica. Science 19 Jul 2013: Vol. 341, Issue 6143, pp. 266-270, DOI: 10.1126/science.1235798. http://science.sciencemag.org/content/341/6143/266.full (20.05.2019)

Robinson, A., Calov, R., Ganopolski, A. (2012): Multistability and critical thresholds of the Greenland ice sheet.
Nature Climate Change (2012), Nr. 2: 429-432. https://www.nature.com/articles/nclimate1449 (20.05.2019)

Shepherd, A., Fricker, H. A., Farrell, S. L. (2018): Trends and connections across the Antarctic cryosphere. Nature 558, 223-232 (2018) https://www.nature.com/articles/s41586-018-0171-6 (20.05.2019)

068 | 069 Eriksson, M., Jianchu, X., Shrestha, A. B., Vaidya, R. A., Nepal, S., Sandström, K. (2009): The Changing Himalayas. Impact of climate change on water resources and livelihoods in the greater Himalayas. International Centre for Integrated Mountain Development. https://www.cabdirect.org/cabdirect/abstract/20093086376 (20.05.2019)

Intelligence Community Assessment (ICA) (2012): Global Water Security.
https://www.dni.gov/files/documents/Special%20Report_ICA%20Global%20Water%20Security.pdf (20.05.2019)

International Cryosphere Climate Initiative (ICCI) (2018): Himalayas. http://iccinet.org/himalayas (20.05.2019)

Wester, P., Sharma, E., Molden, D., Rahman, A., Khatiwada, Y.R., Zhang, L., Singh, P., Yao, T. (2019): The Hindu Kush Himalaya Assessment. https://doi.org/10.1007/978-3-319-92288-1_1 (20.05.2019)

070 | 071 Jeong, S. J. Bloom, A. A., Schimel, D., Sweeney, D., Parazoo, N. C., Medvigy, D., Schaepman-Strub, G., Zheng, C., Schwalm, C. R., Huntzinger, D. N., Michalak, A. M., Miller, C. E. (2018): Accelerating rates of Arctic carbon cycling revealed by long-term atmospheric CO_2 measurements. Science Advances 11 Jul 2018: Vol. 4, no. 7, eaao1167 DOI: 10.1126/sciadv.aao1167.
http://advances.sciencemag.org/content/4/7/eaao1167 (20.05.2019)

Jones, A., Stolbovoy, V., Tarnocai, C., Broll, G., Spaargaren, O., Montanarella, L. (2009): Soil Atlas of the Northern Circumpolar Region. European Commission, Office for Official Publications of the European Communities, Luxembourg.

Knoblauch, C., Beer, C., Liebner, S., Grigoriev, M. N., Pfeiffer, E.-M. (2018): Methane production as key to the greenhouse gas budget of thawing permafrost. Nature Climate Change, DOI: https://doi.org/10.1038/s41558-018-0095-z (20.05.2019)

Parazoo, N. C., Koven, C. D., Lawrence, D. M., Romanovsky, V., Miller, C. E. (2017): Detecting the permafrost carbon feedback: talik formation and increased cold-season respiration as precursors to sink-to-source transitions. The Cryosphere, 12, 123-144, 2018 https://doi.org/10.5194/tc-12-123-2018 (20.05.2019)

072 | 073 ARC Centre of Excellence, Coral Reef Studies (ARC) (2016): Heat sickens corals in global bleaching event.
https://www.coralcoe.org.au/media-releases/heat-sickens-corals-in-global-bleaching-event (20.05.2019)

IPCC (2014): Synthesis Report, Fifth Assessment Report. https://www.ipcc.ch/report/ar5/syr/ (20.05.2019)

Maribus (2010): World Ocean Review – Mit den Meeren leben. http://worldoceanreview.com (20.05.2019)

Rahmstorf, S., Box, E., Feulner, G., et al. (2015): Exceptional twentieth-century slowdown in Atlantic Ocean overturning circulation. Nature Climate Change, 23. März 2015. https://www.nature.com/articles/nclimate2554 (20.05.2019)

XL Catlin Seaview Survey (2016): Coral Reefs. http://catlinseaviewsurvey.com/science/coral-reefs (20.05.2019)

074 | 075   IRIN (2017): https://www.irinnews.org/maps-and-graphics/2017/04/04/updated-mapped-world-war (20.05.2019)

International Organization for Migration (IOM) (2015): Regional Maps on Migration, Environment and Climate Change. https://environmentalmigration.iom.int/maps (20.05.2019)

Kelley, C. P., Mohtadi, S. Cane, M. A., Seager, R., Kushnir, Y. (2015): Climate change in the Fertile Crescent and implications of the recent Syrian drought. Proc. Natl. Acad. Sci. USA. 2015 Mar 17; 112(11): 3241–3246.

OCHA (2018): Afghanistan Weekly Field Report (3 – 9 September 2018)

Rechkemmer, A., O'Connor, A., Rai, A., Decker Sparks, J. L., Mudliar, P., Shultz, J. M. (2016): A complex socialecological disaster: Environmentally induced forced migration. Disaster Health. 2016; 3(4): 112–120. DOI: 10.1080/21665044.2016.1263519

UNHCR (2017): Klimawandel und Bevölkerungsbewegungen durch Naturkatastrophen. https://www.unhcr.org/dach/wp-content/uploads/sites/27/2017/07/UNHCR_klimawandel-papier_v04.pdf (20.05.2019)

German Advisory Council on Global Change (WBGU) (2007): Climate Change as a Security Risk

076 | 077   Commonwealth Marine Economies Programme (CMEP) (2018): Pacific Marine Climate Change Report Card 2018. Townhill, B., Buckley, P., Hills, J., Moore, T., Goyet, S., Singh, A., Brodie, G., Pringle, P., Seuseu, S., Straza, T. https://www.sprep.org/attachments/Publications/CC/cefas-pacific-islands-report-card.pdf (20.05.2019)

IPCC (2014): Synthesis Report, Fifth Assessment Report. https://www.ipcc.ch/report/ar5/syr/ (20.05.2019)

Lijing, C., Abraham, J., Hausfather, Z., Trenberth, K. E. (2019): How fast are the oceans warming? Science. Vol. 363, Issue 6423, pp. 128-129 DOI: 10.1126/science.aav7619. http://science.sciencemag.org/content/363/6423/128 (20.05.2019)

078 | 079   Brown, S. Nicholls, R. J., Lázár, A. N., Hornby, D. D., Hill, C., Hazra, S., Appeaning, K., Haque, A. A., Caesar, J., Tompkins, E. L. (2018): What are the implications of sea-level rise for a 1.5, 2 and 3 °C rise in global mean temperatures in the Ganges-Brahmaputra-Meghna and other vulnerable deltas? https://link.springer.com/article/10.1007%2Fs10113-018-1311-0 (20.05.2019)

Davis, K. F., Bhattachan, A., D'Odorico, P., Suweis, S. (2018): A universal model for predicting human migration under climate change: examining future sea level rise in Bangladesh, Environ. Res. Lett. 13, 6. http://iopscience.iop.org/article/10.1088/1748-9326/aac4d4/pdf (20.05.2019)

IPCC (2014): Synthesis Report, Fifth Assessment Report. https://www.ipcc.ch/report/ar5/syr/ (20.05.2019)

Maribus (2010): World Ocean Review – Mit den Meeren leben. http://worldoceanreview.com (20.05.2019)

Sweet, W. V., Horton, R., Kopp, R. E., LeGrande, A. N., Romanou, A. (2017): Sea level rise. In: Climate Science Special Report: Fourth National Climate Assessment, Volume I, U. S. Global Change Research Program, Washington, DC, USA, pp. 333-363, DOI: 10.7930/J0VM49F2. https://science2017.globalchange.gov/ (20.05.2019)

080 | 081   CB (2017): Mapped: How climate change affects extreme weather around the world. https://www.carbonbrief.org/mapped-how-climate-change-affects-extreme-weather-around-the-world (20.05.2019)

Funk et al. (2015): Bull. Amer. Meteor. Soc., 96 (12), S77–S82

Kam et al. (2015): Bull. Amer. Meteor. Soc., 96 (12), S61–S65

King et al. (2015): Environmental Research Letters, 10 (5), 54002

Murakami et al. (2015): Bull. Amer. Meteor. Soc., 96 (12), S115–S119

Sweet et al. (2013): Bull. Amer. Meteor. Soc., 97 (12), S25–S30

Szeto et al. (2016): Bull. Amer. Meteor. Soc., 97 (12), S42–S46

Sweet et al. (2013): Bull. Amer. Meteor. Soc., 94 (9), S17–S20

Shiogama et al. (2013): Atmospheric Science Letters, 14 (3), 170–175

Zhang et al. (2016): Bull. Amer. Meteor. Soc., 97 (12), S131–S135

Quellen

082 | 083   IPCC (2014): Synthesis Report, Fifth Assessment Report. https://www.ipcc.ch/report/ar5/syr/ (20.05.2019)

084 | 085   IUCN (2018): The IUCN Red List of Threatened Species. https://www.iucnredlist.org (20.05.2019)

086 | 087   Damania, R., Desbureaux, S., Hyland, M., Islam, A., Moore, S., Rodella, A. S., Russ, J., Zaveri, E., (2017): Uncharted Waters: The New Economics of Water Scarcity and Variability. World Bank, Washington, DC. https://openknowledge.worldbank.org/handle/10986/28096 (20.05.2019)

Luo, T., Young, R., Reig, P. (2015): Aqueduct Projected Water Stress Country Rankings. Technical Note. Washington, D.C.: World Resources Institute. https://www.wri.org/publication/aqueduct-projected-water-stress-country-rankings (20.05.2019)

Hoekstra, A. (2008): Water for Food. The water footprint of food. p54 https://waterfootprint.org/media/downloads/Hoekstra-2008-WaterfootprintFood_1.pdf (20.05.2019)

Mekonnen, M., Hoekstra, A. (2016): Four Billion People Facing Severe Water Scarcity. Science Advances 2 (2): e1500323. http://advances.sciencemag.org/content/2/2/e1500323 (20.05.2019)

Union of Concerned Scientists (UCS) (2011): Nuclear Power and Water. Quick facts on nuclear power generation and water use. https://www.ucsusa.org/sites/default/files/legacy/assets/documents/nuclear_power/fact-sheet-water-use.pdf (20.05.2019)

United Nations World Water Assessment Programme/UN-Water (WWAP) (2018): The United Nations World Water Development Report 2018: Nature-Based Solutions for Water. Paris, UNESCO. http://www.unwater.org/publications/world-water-development-report-2018/ (20.05.2019)

watercalculator (2018): The Hidden Water in Everyday Products - Water Footprint Calculator http://watercalculator.org (20.05.2019)

088   Centers for Disease Control Prevention (CDC) (2018): World Map of Areas with Risk of Zika. https://wwwnc.cdc.gov/travel/page/world-map-areas-with-zika (20.05.2019) Climate change increases the number and geographic range of disease-carrying sects and ticks. https://www.cdc.gov/climateandhealth/pubs/vector-borne-disease-final_508.pdf (20.05.2019)

Eisen, L., Moore, C. G. (2013): Aedes (Stegomyia) aegypti in the continental United States: a vector at the cool margin of its geographic range. J Med Entomol. 2013 May;50(3):46778. https://www.ncbi.nlm.nih.gov/pubmed/23802440 (20.05.2019)

Mordecai, E. A., Cohen, J. M., Evans, M. V., Gudapati, P., Johnson, L. R., Lippi, C. A., Miazgowicz, K., Murdock, C. C., Rohr, J. R., Ryan, S. J., Van Savage, Shocket, M. S., Ibarra, A. S., Thomas, M. B., Weikel, D. P. (2017): Detecting the impact of temperature on transmission of Zika, dengue, and chikungunya using mechanistic models. https://journals.plos.org/plosntds/article?id=10.1371/journal.pntd.0005568 (20.05.2019)

089   Huntley, B., Green, R. E., Collingham, Y. C., Willis, S. G. (2007): A Climatic Atlas of European Breeding Birds. Durham University.

Mannino, A. M., Balistreri, P., Deidun, A. (2017): The Marine Biodiversity of the Mediterranean Sea in a Changing Climate: The Impact of Biological Invasions, Mediterranean Identities. DOI: 10.5772/intechopen.69214 https://www.intechopen.com/books/mediterranean-identities-environment-society-culture/the-marine-biodiversity-of-the-mediterranean-sea-in-a-changing-climate-the-impact-of-biological-inva (20.05.2019)

Nowald, G., Donner, N., Modrow, M. (2010): Influence of climate change on the wintering site selection of eurasian cranes http://www.rbcu.ru/PDF/Book/Climate%20Workshop%202010%20Proceedings_inside_low%20res.pdf#page=61 (20.05.2019)

Verge's, A., et al. (2014): The tropicalization of temperate marine ecosystems: climate-mediated changes in herbivory and community phase shifts. Proc. R. Soc. B 281: 20140846. http://dx.doi.org/10.1098/rspb.2014.0846 (20.05.2019)

091   Oxfam (2017): https://www.oxfam.de/blog/zukunft-klimawandel-betroffen-gibt-nur-planeten (20.05.2019)

094 | 095   IPCC (2014): Synthesis Report, Fifth Assessment Report. https://www.ipcc.ch/report/ar5/syr/ (20.05.2019)

UNFCCC (2017): 20 Years of Effort and Achievement: http://unfccc.int/timeline/ (20.05.2019) Adoption of the Paris Agreement: http://unfccc.int/resource/docs/2015/cop21/eng/l09r01.pdf (20.05.2019)

096 | 097   Bai, X., Dawson, R. J., Ürge-Vorsatz, D., Delgado, G. C., Barau, A. S., Dhakal, S., Dodman, D., Leonardsen, L., Masson-Delmotte, V., Roberts, D. C., Schultz, S. (2018): Six research priorities for cities and climate change. Nature 555, 23-25 (2018) DOI: 10.1038/d41586-018-02409-z. https://www.nature.com/articles/d41586-018-02409-z (20.05.2019)

Gitz, V., Meybeck, A., Lipper, L., De Young, C., Braatz, S. (2016): Climate change and food security: risks and responses. Food and Agriculture Organization of the United Nations. http://www.fao.org/3/a-i5188e.pdf (20.05.2019)

Scherer, M., Tänzler, D. (2018): The Vulnerable Twenty − From Climate Risks to Adaptation. A compendium of climate fragility risks and adaptation finance needs of the V20 countries. adelphi research. https://www.adelphi.de/en/publication/vulnerable-twenty (20.05.2019)

098 | 099   International Energy Agency (IEA) (2018): Renewables 2018. https://www.iea.org/renewables2018/ (20.05.2019)

International Renewable Energy Agency (IRENA) (2017): Renewable energy in national climate action, (#Renewables4Climate update for COP24), International Renewable Energy Agency, Abu Dhabi. http://www.irena.org/publications/2017/Nov/Turning-to-renewables-Climate-safe-energy-solutions (20.05.2019)

The World Bank (WBG) (2017): Annual Report 2017. http://pubdocs.worldbank.org/en/908481507403754670/Annual-Report-2017-WBG.pdf (20.05.2019)

World Health Organization (WHO) (2018): Interactive global ambient air pollution map. https://www.who.int/airpollution/en/ (20.05.2019)

100 | 101   Dietz, S., Fankhauser, S. (2018): An economic solution to climate change that could save trillions. London School of Economics. http://www.lse.ac.uk/Research/research-impact-case-studies/an-economic-solution-to-climate-change-that-could-save-trillions (20.05.2019)

European Commission (EC) (2018): EU Emissions Trading System (EU ETS). https://ec.europa.eu/clima/policies/ets_en (20.05.2019)

Deutsche Emissionshandelsstelle (DEHSt) (2018): Wie funktioniert der Emissionshandel? https://www.dehst.de/DE/Emissionshandel-verstehen/Grundlagen/grundlagen-des-emissionshandels-node.html (20.05.2019)

Organisation for Economic Co-operation and Development (OECD) (2018): Action steps for sustainable manufacturing. https://www.oecd.org/innovation/green/toolkit/actionstepsforsustainablemanufacturing.htm (20.05.2019)

102 | 103   Gerber, P. J., Steinfeld, H., Henderson, B., Mottet, A., Opio, C., Dijkman, J., Falcucci, A., Tempio, G. (2013): Tackling climate change through livestock – A global assessment of emissions and mitigation opportunities. Food and Agriculture Organization of the United Nations (FAO), Rom

Guégan, S., Léger, F. (2015): Case Study – Permacultural Organic Market Gardening and Economic Performance.

Thornton, P., Dinesh, D., Cramer, L. (2018): Agriculture in a changing climate: Keeping our cool in the face of the hothouse. https://journals.sagepub.com/doi/10.1177/0030727018815332 (20.05.2019)

De Ramon N'Yeurt, A., Chynoweth, D. P., Capron, M. E., Stewart, J. (2012): Negative Carbon Via Ocean Afforestation. Process Safety and Environmental Protection. 90:467–474 November 2012, DOI: 10.1016/j.psep.2012.10.008 https://www.researchgate.net/publication/259892834_Negative_Carbon_Via_Ocean_Afforestation (20.05.2019)

104 | 105   EIA (2017): Tracking Progress: Transport. https://www.iea.org/etp/tracking2017/transport/ (20.05.2019)

Organisation for Economic Co-operation and Development (OECD)/International Transport Forum (ITF) (2015): The Carbon Footprint of Global Trade – Tackling Emissions from International Freight Transport.

106 | 107   Clean Energy Council (CEC) (2018): https://www.cleanenergycouncil.org.au/news/number-of-australian-homes-with-rooftop-solar-tops-2-million-and-counting?_ga=2.115044743.1217710657.1548041773-588701851.1548041773 (20.05.2019)

Climate Action Tracker (CAT) (2018): https://climateactiontracker.org/countries/ (20.05.2019)

Conservation (CV) (2018): https://www.conservation.org/NewsRoom/pressreleases/Pages/World%E2%80%99s-Largest-Tropical-Reforestation-Project-to-Take-Place-in-the-Amazon-Rainforest.aspx (20.05.2019)

Cycling Embassy (CE) (2018): http://www.cycling-embassy.dk/2017/12/05/new-bicycle-account-bicycles-outnumber-cars-central-copenhagen/ (20.05.2019)

Great Green Wall (GGW) (2018): http://www.greatgreenwall.org/about-great-green-wall (20.05.2019)

Hopkins, R., Thomas, M. (2016): Gemeinsam die Zukunft gestalten - Ein Leitfaden für Transition-Initiativen. Transition Network, Totnes. http://www.transitionnetwork.org (20.05.2019)

NEA (2018): Iceland Renewable Energy 2011. http://www.nea.is (20.05.2019)

Patagonia (PA) (2018): https://www.patagonia.com/climate-change.html (20.05.2019)

San Francisco Environment (SFE) (2018): Mayor Lee Announces San Francisco Reaches 80 Percent Landfill Waste Diversion, Leads All Cities in North America. https://bit.ly/2CM4bZy (20.05.2019)

108–115   Umweltbundesamt (UBA) (2019): http://www.uba.co2-rechner.de (20.05.2019)

https://www.stromauskunft.de (20.05.2019)

https://calculator.carbonfootprint.com (20.05.2019)

Über die Autorin

Esther Gonstalla, Jahrgang 1985, arbeitet seit 2008 als freie Buchgestalterin und Infografikerin in Hamburg und seit 2013 jedes Jahr von einem anderen Land aus: Bisher lebte sie längere Zeit in der Karibik, in Kanada, Französisch-Polynesien und Australien. Zu ihren Kunden gehören National Geographic Deutschland, Institute for Climate Physics (ICCP) in Südkorea, Ludwig-Maximilians-Universität München, Friedrich-Ebert-Stiftung, Stern, Cicero Magazin und sie engagiert sich für das Pacific Garbage Screening.

Das erste Buch dieser Reihe hat Gonstalla im Jahr 2009 als Diplomarbeit an der Fachhochschule Münster gestaltet und geschrieben: »Das Atombuch – Radioaktive Abfälle und verlorene Atombomben«. Sie wurde dafür mit dem Preis der Stiftung Buchkunst ausgezeichnet, für »eines der schönsten deutschen Bücher 2009«, und dem Hochschulpreis der FH Münster. Daraufhin folgten 2011 das erste »Klimabuch« und 2017 im oekom verlag »Das Ozeanbuch«. **Zum Portfolio:** www.erdgeschoss-grafik.de

Danke!

Ein großer Dank für die fachliche Unterstützung geht an:
Prof. Axel Timmermann (ICCP, Busan)

Des Weiteren danke ich: Dr. Samuel Alexander (Universität Melbourne), Erin Bishop & Isabelle Michal (UNHCR), Prof. Christoph Buchal (Universität Frankfurt), Silke Deparade (UBA), Prof. Hartmut Graßl, Dr. James Hansen (Columbia University), Dr. Sabine Henders (Thünen-Institut für Waldökosysteme), Prof. Manfred Lenzen (Universität Sydney), Dr. Maria Martin (PIK Potsdam), Prof. Dr. Hans Joachim Schellnhuber (PIK Potsdam), Dr. Fabian Schlösser (Universität Hawaii), Prof. Christian-D. Schönwiese (Goethe-Universität), Dr. Rolf Sommer (WWF), Dr. Nikola Patzel (Büro für Bodenkommunikation) und Dr. Bronwyn Wake (nature climate change).

Außerdem möchte ich meiner Lektorin Laura Kohlrausch vom oekom Verlag ganz herzlich danken für die tolle Zusammenarbeit und Veronique Dürr für die grafische Hilfe bei der Infografik auf Seite 44/45.

»Gemeinsam, als nachhaltig
denkende Konsumenten,
können wir zum Klimaschutz,
politischen und wirtschaftlichen
Umdenken beitragen.
Lasst uns diese Chance nutzen,
für eine bessere Zukunft.«

Esther Gonstalla